隔 代 养 育

晴天姥姥　晴天妈妈　著

电子工业出版社

Publishing House of Electronics Industry

北京·BEIJING

序一

　　光阴如梭，我成为三个宝宝（大宝小千，二宝小万和三宝小亿为双胞胎）的姥姥已经 4 年多了。2014 年 9 月 13 日，和所有"4-2-1 家庭"（4 个老人、1 对父母、1 个宝宝）中的老人一样，我放弃了安逸的生活，奔赴女儿所居住的一线城市，希望自己能帮助这个"双独组合"的新家庭在竞争激烈的社会中平稳地过渡，同时抚育第三代健康、快乐地成长。

　　我曾经无数次地憧憬过一个健康家庭的模式，也有过甘做"人梯"、为子孙做奉献的想法。但每到夜深人静，想到自己在生活了 50 年的城市养尊处优的日子，太多的牵挂还是会让我潜然泪下……就这样，在苦与乐的心情交织中，我挺起脊背，尽心学习，无怨无悔地做着抚养第三代该做的一切。

　　在我和爷爷、奶奶三位老人的悉心照料下，三个宝宝都步入了幼儿园。看到周围年轻的家长们露出的羡慕和佩服的目光，我感到了莫大的欣慰和满足。

　　在本书中，我将抚育第三代的点点滴滴尽可能地用文字记录下来，期待与同龄的祖辈们以及年轻的父母们一起漫步隔代养育的道路，并且祈盼与更多的家庭一起分享宝宝们成长的喜悦和挑战。

晴天姥姥 程爱平

序 二

写这本书的序大概是我写得最久、心情最紧张的一次。

因为，和我一起分享的是我的母亲，一位年长我 20 多岁的"老师"，一位养育了三个外孙（女）的姥姥。这本书的内容都是在我们这个多子女大家庭中发生的、有关隔代养育的事情。

那么，这本书到底是写给谁的呢？新手爸妈？隔代老人？育儿行业人员？或许都有。不管你是因养育问题和老人吵得面红耳赤的新手爸妈，还是付出辛劳却不被儿女理解而费力不讨好的长辈，或是遇到很多有同样困扰的家庭却不知道如何帮他们解决的育儿从业人员，当你看到这本书，就是和我一样关注"隔代现状"和养育困扰的有缘人了。

这样的相遇也许能给你的心种下一颗希望的种子。隔代养育，虽然有问题和困难，但也有美好与收获。

生宝宝之前，我从没想过宝宝会给我带来什么。盲目乐观的我自认为出生于教育之家，家庭背景带给我的优势足以面对养育中的各种问题，至少能够靠运气"混"成一个好妈妈，完全没想到会因为育儿和父母产生那么多的纠缠、分歧、误会和矛盾。

在很多家庭中，都是由祖辈帮忙照看孙辈的。如果不是因为宝宝，我们这些年轻的父母根本不会了解隔代养育对于我们的家庭是多么重要。如果说年轻父母的育儿观更科学，隔代长辈的育儿经验更细致，那么两代人共同塑造的就是宝宝"养育的生态"了。在多人多面的多重教育下，所有的矛盾冲突、欢笑和解，揉碎了融入到真实的家庭生活中，就是宝宝成长的养料。

从我怀大女儿小千开始，我的母亲就细心地为我记录每一天的怀孕日记，女儿出生后，每天吃喝拉撒的时间和频率都一条条地记在小本上。小万和小亿这对双胞胎兄弟出生以后，三个宝宝的活动空间变大了，母亲每天都会将宝宝们的早教游戏内容细致地与我分享、交流……如果不是因为宝宝的成长，我想我这辈子也没机会和我的母亲成为"同学"。

每当三个宝宝轮流哭泣或交替生病的时候，就是我们家最混乱的"巅峰时刻"。姥姥、奶奶和我，三个"妈妈"都经历过手忙脚乱、以一敌三的笑泪交织……从我初次怀孕到今天已经7年了，母亲撰写的《隔代养育》手稿也在孩子们的成长中变成了铅字。这一段和母亲一起整理文字的过程，比我自己写书时更加感慨。这本书也可以说是母亲和我隔代养育的另一个"宝宝"，包含了我俩的基因。

每次修改书稿时，我都试图多添加一些个人的感悟和我所学的专业知识及生活经验，但是回头看看，让这一切变得更好的从来不是我的专业知识，而是在家庭里发生的一切真实生活。讲到隔代的话题，没有人比隔代养育者更合适。删删减减，最后还是尽量还原并保留了母亲对于养育最真实的感慨和经历，也努力还原了"全家总动员"的养育实况。

这本关于隔代养育的书，不仅记录了宝宝们的成长，更记录了两代妈妈的育儿心路。我相信，每个身为父母和长辈的读者，都会在母亲的文字中找到温暖，找到更适合自己家庭的养育方式。

在养育的路上，我们都是宝宝的"合伙人"。感谢长辈，感谢两位母亲的智慧，感谢薪火相传。

晴天妈妈 郭俞杉

目 录

第三章　宝宝身体健康的五大关键点

第四章　培养宝宝的生活习惯和生活能力

第五章　隔代养育的利与弊

第六章　家庭关系和生态系统

第一章

为隔代养育做好准备

【晴天妈妈说】

宝宝出生后，妈妈、爸爸、爷爷、奶奶、姥姥、姥爷等身份也都随之诞生了。每一个家庭都从养育而生，也因养育而成长。

"养以预为先"，需要"预习"的不只是爸爸妈妈，而是家庭中的每一位成员。只有做好充分的准备工作，才能让开始变得更加容易。

第一节　岗前培训

▼

从情感的角度讲，儿女对父母有着根深蒂固的信赖感。当他们也将为人父母时，第一个念头就是求助自己的父母，而父母自然也会无条件地支持他们，并且尽心尽力地帮助他们养育下一代。

科学育儿和传统育儿存在很大的差别。科学育儿对于我这个"迁徙姥姥"来说，难度系数很高，充满了挑战。即使做好了心理准备，我还是会不由自主地感到忐忑和不安。我还不懂得怎样养育孙辈，不知道怎样做才能无愧于女儿的信任，成为一名合格的育儿好帮手。为了宝宝的未来着想，我必须积极地接受全方位的育儿"岗前培训"。

1. 岗前培训——为自我成长打好基础

刚出生的宝宝就像一粒种子，按照自己既定的"程序"，用将近 1 年的时间，学会爬行、坐立、走路、说话。他又像小小的花骨朵，一片花瓣又一片花瓣地在成人的温情呵护下向这个世界绚丽绽放。

育儿路上没有捷径，但是适合孩子的科学养育方法一定会有助于孩子更好地成长，高质量的养育会推进并提高他们的各项技能和心智的发展。

作为隔代养育者，接受了岗前培训，拥有了隔代养育的"令牌"，才会在育儿路上"强出头"。这也是养育下一代重要的保障之一，更是自我成长必备的基础。

我们的儿女是具有良好教育背景的年轻父母，他们的育儿知识比我们懂得更多。要满足他们的育儿需求，我势必要在基本功上下功夫。所幸经过几十年职业生涯的洗礼，让我养成了不间断学习的习惯，再来一次自觉自愿的岗前学习又有何妨？我的这一想法也得到了女儿女婿最大的支持和肯定。

2. 持证上岗——高质量养育的必备资格

无论保姆怎么换，祖辈的"岗位"不会变。岗前培训不是说说而已，而是要多管齐下，"升级"大脑。

专业育儿知识，正是祖辈养育者们应该重新习得的。已经退休在家、安享晚年的祖辈父母，既可以走出去"游学"隔代养育的专业知识，也可以在家学习相关网络专业课程，岗前育儿培训未来几年将成为一种必然和时尚。而准父母们更应该进行系统的学习，为孩子的未来负起责任，这样扩大大脑"内存"的我们（祖辈）才有足够的自信心和实力来养育我们的下下一代。

培训的途径有很多，很多从事亲职教育、家庭教育的机构都有相关的内容和服务，还可以选择早教班、托育机构的相关课程。此外，一些经验丰富的月嫂或育儿嫂也具备一定的专业知识，这些都是祖辈养育者可以选择和借鉴的途径。

3. 找准榜样——向育儿嫂取经

对很多家庭来说，请月嫂帮忙度过焦虑忙乱的新生儿阶段早已经不是炫富或者偷懒，而是高质量养育的需要。

我家也聘请了一位具有妇产医院专业医师资质的月嫂。记得我和月嫂初次见面的时候，就向她请教了不少关于宝宝出生和养育的问题。短短一个小时的会面以及接下来一个月的相处，我发自内心地折服于她的学识和经验。从她身上我学到了很多实际的方法和技能，很快就进入了育儿状态。

月嫂是"隔代养育实践课"的重要内容之一，月嫂就像一剂消除隔代育儿焦虑和紧张的安抚剂。月嫂的从容和专业的职业态度，以及熟练的育儿技能，能让我们从中汲取营养。让月嫂以最好的状态投入工作，更是送给家人和宝宝最好的礼物。

对待月嫂，我们应尊重、体谅她，只有充分尊重月嫂，理解她的辛苦，才能赢得她真心的付出和高质量的服务，共同营造和谐的育儿环境。

4. 知行合一——书籍和专家的作用

很多优秀的育儿书籍大多都是知名的经典作品，比如：《儿童心理学》《亲密育儿百科》《正面管教》《如何说孩子才会听，怎么听孩子才肯说》等。通过阅读这些书籍，能让我们了解科学的养育方法和沟通方式，借鉴、思考并找到适合养育自家宝宝的方法。

此外，晴天妈妈所著的《玩法养育》也是一本轻松、实用，针对中国宝宝成长需求的育儿书籍。宝宝的天职就是玩耍，建议用他们最乐意接受的方式，让他们在玩耍中培养各种能力，也让养育宝宝这件事变得事半功倍，充满乐趣。

见方有识，谋而后福。学习了书籍中的理论和思想，了解了专家的方式和方法，我们就会以平和的心态去面对宝宝，因为知行合一后的养育实践，可以理性而从容地解决育儿过程中遇到的各种难题。

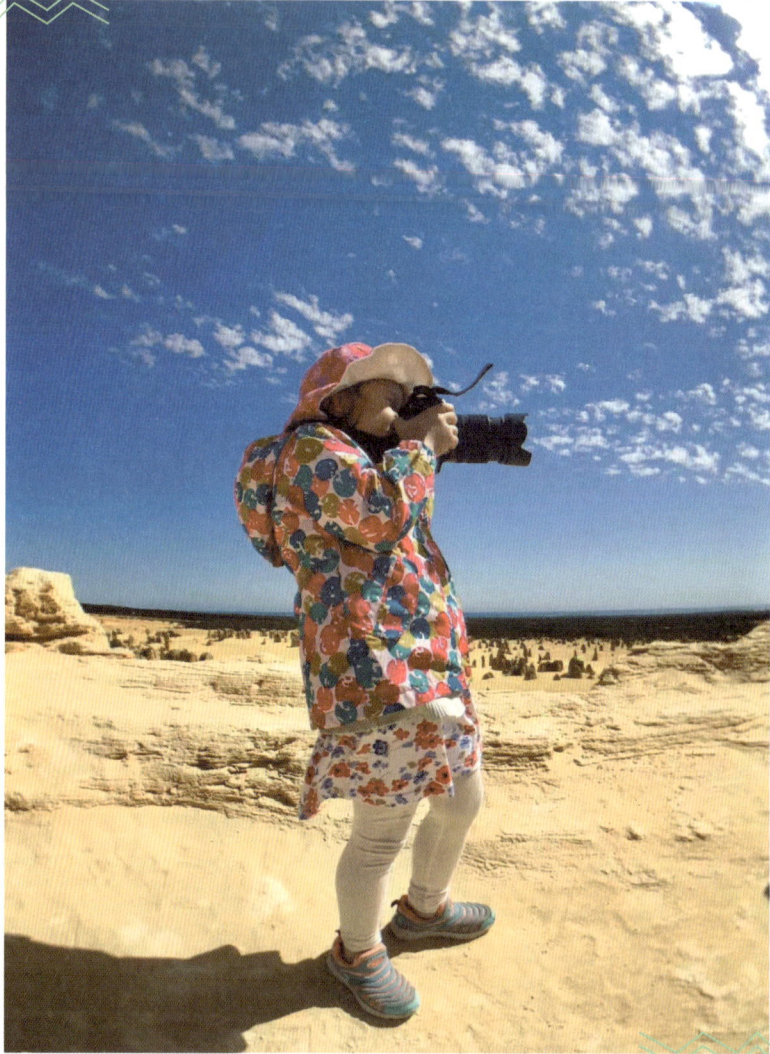

第二节　调整心态

▼

当我们荣升为祖父母的那一刻，大多数人都已经步入知天命之年，养育子女的经验早已无法应对今天的社会标准和家庭需求。当我们再一次踏上养育之路时，势必会遇到各种问题和困难。如果想要尽最大的努力帮助我们的子女和后代，必须先调整好自己的心态，其他的问题才有可能迎刃而解。

1. 心态调试——保持积极的情绪

时代飞速发展，我们已经落伍，但是，我们有一颗谦卑的心，活到老，愿意学到老。下一代的成长需要一个健康的家庭生态系统，让我们从一点一滴做起，用我们的余热，点亮新生命未来的那束光芒。

这条养育之路就像一条漫长的跑道，新生儿家庭中的每一位成员都是参赛者，而祖辈们就像是助跑者，除了在一旁助力、加油之外，最有效的情感支持就是无论何时何地都要保持平和的心态和积极的情绪，这不仅能帮助儿女们平复焦躁的情绪，更有助于营造和谐的家庭氛围。

一份温情一句爱语是滋养他们向上的内驱力，祖辈的理解与关爱会平复他们的焦躁情绪。无论何时何地，积极的情绪和能量都是最有效的情感支持。

2. 角色定位——家庭排序不错乱

我们是谁？是宝宝的姥姥、姥爷、爷爷、奶奶。宝宝是谁？首先是他的父母的孩子，其次才是我们的孙辈。

当爸爸妈妈上班或不在家时，祖辈可以代劳照顾宝宝；当爸爸妈妈下班或节假日在家时，祖辈应把宝宝交还给他们。母爱如水，母亲是宝宝一生的后盾；父爱如山，父亲是孩子一生的守护神。**父母在孩子心目中的位置是无人可以替代的，永远如此，本该如此。**

3. 相信儿女——彰显祖辈大智慧

宝宝的事情要由爸爸妈妈说了算，他们才是最有资格为宝宝做决定的人，没有人可以代替他们做父母的权利。作为祖辈，不要代替子女做决定，也不要代劳家务之外的家庭事务，包括宝宝的衣、食、住、行。祖辈可以协助儿女，但不应该成为主导。

对于儿女做出的家庭规划、教育方法等决策，祖辈也不要过多发表意见。从培养孩子独立性、自主性的角度来看，父母对孩子的直接教育更加有效。要相信儿女，不要过多干预，更没有必要杞人忧天。人类就是在一代代的传承中进步和成长的，昨天是由我裁决，今天交给儿女掌控，明天就要留给孙辈来实践。

有一年国庆节，女儿女婿带着千宝出国游玩。千宝自己选购衣服和送给好朋友的礼物，自己选择每天穿什么样的衣服、吃什么饭菜，自己拖着自己的行李箱，俨然一个"小大人"！从独立性和边界感来看，**父母对孩子的直接教育确实更加有效！**

我们不需要"蜡烛有心还惜别，替人垂泪到天明"，也没必要杞人忧天，自寻烦恼，更何况"自古英雄出少年，江山代有人才出"。身为祖辈，被亲子天然且亲密的互动关系打败并不丢人，被儿女的养育智慧超越更应感到成就满满。

4. 分工明确——为自己减负

祖辈白天带宝宝，到了晚上一定要把宝宝交给儿女，宝宝的总体规划和宝宝用品的选购等事宜，都由儿女自己承担。我们负责他们不在家时宝宝的所有事务。但是，不要替他们代劳家务之外的家庭事务，包括选购宝宝用品在内，哪个买得好，哪个不好，不要发表意见，即使真的买错了，多错几次，他们自然会从错误中学到经验，在教训中纠错才会刻骨铭心。

对于退休后多余的收入，如果祖辈愿意，可以补贴给处于特殊阶段的儿女，但要有自己的财务计划，不要完全失去经济上的自由。

5. 重新定义——找回自我

我们不能总以老一辈过来人而自居，应清楚地认识到我们年纪大了，观念落伍了。我们都听说过"顾问"一词，所谓顾问，就是顾上时就问一问，顾不上时就可以不问，待顾问"过期"时，一切就都不用我们操心了。

祖辈带孙辈不也如此？总有孙辈长大的那一天，祖辈目送他们远行的背影，不用再去追的一幕。

我们这个家庭有三个宝宝、一个保姆、一对新手父母，还有爷爷奶奶和姥姥，一个九口之家需要统一一个声音。宝宝去哪个游泳馆游泳？去哪家社区医院接种疫苗？何时添加辅食？去哪个幼儿园上学？去哪个学校读书？去哪里学轮滑？去哪里学钢琴？宝宝近期穿什么等，都是儿女决定的事。

我们都学会了"臣服"，坚定地按照儿女的想法去做，从无一句抱怨。

人类就是在代际传承中一代一代地进步和成长。只要能够触摸到时代的发展脉动，就一定能够做到——昨天我裁决，今天儿女掌控，明天操之在孙辈。

生活中，还会出现一个令很多祖辈们困扰的问题，那就是如何面对小夫妻之间的矛盾和冲突。其实，夫妻间发生小吵小闹很正常，就像好朋友闹情绪一样，需要彼此向对方倾诉和发泄。这条沟通、磨合的必经之路只能靠他们自己去经历和体会，要让他们自己去面对问题，冷静思考，学会自己解决问题。我们要学会做"聋哑"老人。

　　我很喜欢女儿对家庭的形容——爱是"4S"店。父母在家庭中要能够"来去自如"，需要时我们会准时出现，不需要时我们就"隐身"，把有限的自由时间交给自己，为自己蓄能充电，以备后用。身处复杂的家庭环境，只有保持清醒，找到自我，才能做一个理性的观察者和助力者。

第三节　适应环境

　　《礼记》曰："君子抱孙不抱子。"中国自古以来就有"隔代亲"的说法，中华传统文化的基因中就有祖辈帮助儿女照顾下一代的传统。"含饴养孙"不仅是祖辈情感上的选择，也是他们甘之如饴的乐趣，更是衡量老年人幸福指数的一项重要指标。

　　大部分祖辈都会在新生命到来时为儿女出钱出力，因为他们是永远不会下岗的终身父母，也是子女最坚强的后盾和支柱。不过，有些人年纪大了，体力和精力都有限，子女不能对祖辈有过多的要求。祖辈有余力的话可以帮忙，没有余力的话子女也不能勉强。在很多家庭中，祖辈不帮忙反而能促进小家庭的团结和协作。

1. 调整作息——适应"新生家庭"的新节奏

　　在老家生活舒适的我即将担负起新的重任，首先就是要调整自己的作息时间，回到女儿小时候早起晚睡的"赶点"节奏，来适应这个快节奏的新生家庭。

　　为了尽早适应女儿一家的生活节奏，我在女儿预产期前一个月就来"报到"

了，帮忙调整准妈妈的伙食营养，购买新生儿和产妇需要的用品，还要学习育儿知识，为宝宝的成长做准备。

待产期间，女婿会在周日带着我们老两口"认路"：超市、商场、杂货市场、遛弯场地、亲戚朋友的住处等。第二天女儿女婿上班，我就去超市买东西，**慢慢地变陌生为熟悉，并能在守月子和女儿坐月子期间从容地安排一家人的生活起居。**

我们是儿女们永远不会下岗的终身父母！我们永远是子女最坚强的后盾和支柱。

宝宝出生后，我的作息、饮食、朋友圈、生活节奏全都改变了，需要逐渐适应这个"被迫选择"的新生活。所幸，我有足够的生活经验和充足的时间，能够利用这些优势做好家庭的后勤保障工作，让年轻人有更多的精力驰骋于职场。

2. 修身养性——掌控情绪和开悟智慧

事实上，祖辈人年纪越大生活方式越难改变，因为多年的思维模式、行为习惯早已经固化了，很多人也不愿意做出改变。但是由于心中那份无可替代的对子女的爱，促使我们能够积极地接受改变。

《汉书·礼乐志》中写道："临渊羡鱼，不如退而结网。"与其羡慕别人活得洒脱，不如自己看得开。洒脱与外在的条件没有任何关系，只与自己的修养、境界、心态、心境有直接的关系。洒脱是一种修为，是一种顿悟，更是一种经由生活磨砺出来的积极正向的气场。

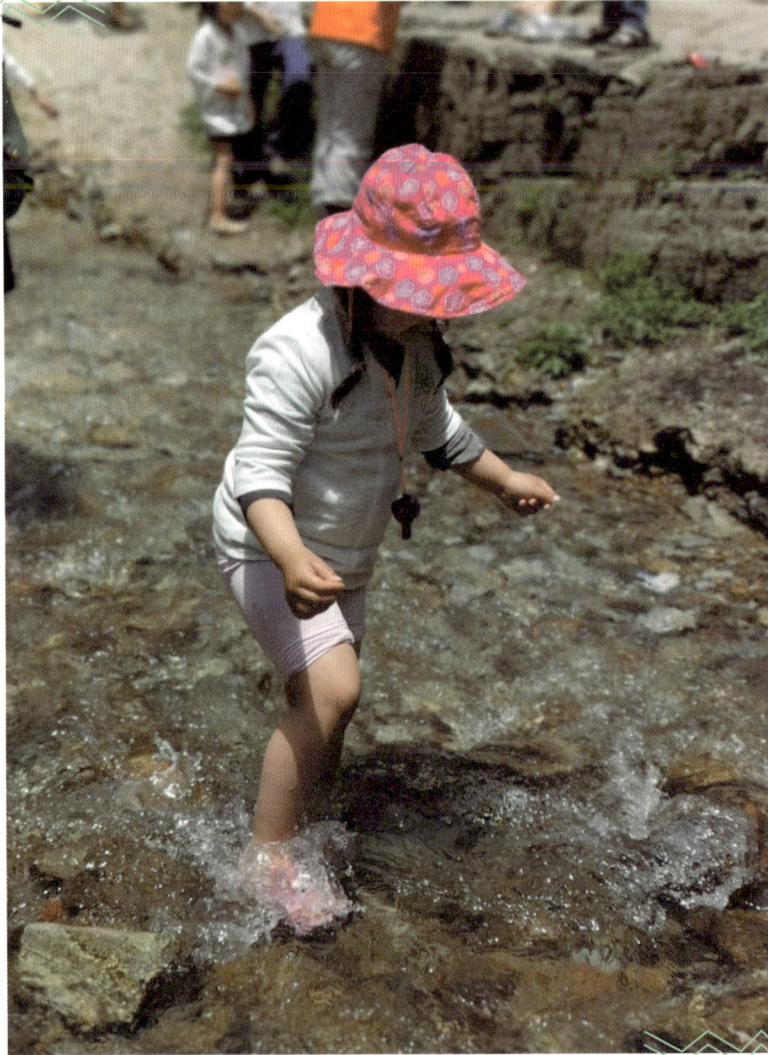

第四节 上岗入位

从日复一日、简单而琐碎的养育中，我总结出很多有效的育儿经验。"宝剑锋从磨砺出"，虽然一下一下地磨剑很枯燥，但我从中收获的快乐与欣慰是无法用语言表达的。

1. 胎教、早教要趁早

美国科罗拉多大学幼儿教育专家唐娜·威特默在《儿童心理学》一书中指出：婴儿在还未出生前就能分辨出母亲和陌生人的声音，并且偏好母亲的声音。当研究者在母亲腹部上方播放一段由母亲朗读的录音时，胎儿的心跳就会加快，而播放陌生人的录音时，胎儿的心跳就会变慢。这一结果反映了基因在神经发育上的表达特点，也验证了母亲的声音对胎儿的影响力。

脑科学研究证明，胎儿的大脑从母亲怀孕第三周就开始发育了，而宝宝大脑发育最旺盛的时期是从出生到 3 岁之间。由此可见，不管我们是否开始早期教育，宝宝的学习和发展从还未出生时就开始了，所以科学的胎教和早教实施得越早越好。

2. 迎接新生儿的到来

　　每个新生儿的到来都会给家庭带来无尽的幸福和欢乐，但准妈妈们却要经历一次强度高达十二级的阵痛，甚至还要承受两三天的剧痛才能诞下宝宝。所幸现代医学的发展让生育变得越来越顺利，即使是难产的产妇也有可能避免生死攸关的情况。不管是顺产还是剖宫产，产房外都少不了家人的守候。我们能做的就是准备好新生儿的用品，做好心理准备，耐心地等待，默默地为母子祈福，直到新生命降临人间。

3. 最好的早教在家庭

　　最好的启蒙和早教在家庭。任何一个早教机构都没有出生第一天宝宝和家人的互动内容，任何一个早教老师都不会像家人一样全身心地陪伴宝宝。父母和祖辈才是新生儿最好的早教施教者。

人类大脑发育最旺盛的时期是出生后到 3 岁之间，而大脑神经元连接最活跃的时期就是月龄期。脑科学研究证明，婴儿一出生就开始早教，且早一天比晚一天要好得多。甚至不管我们是否开始科学的早期教育，宝宝的学习和发展早就开始了。

婴儿睡眠的时间比较长，最有效的亲子互动时间就是宝宝躺在婴儿床上玩耍、吃奶、换尿片、洗澡、抚触和做操的时候，要多和宝宝打招呼、说笑和逗乐。在宝宝与家人以及家中环境接触的时候，早教就已经开始了。

人类在婴儿期是最脆弱的，但是学习力是最强大的。家庭成员越多，对宝宝大脑的发育越有效，能够满足宝宝大脑信息量最大化地输入和刺激。而祖辈和宝宝的互动对全家人来说就像一个模板，每个家庭成员都会有意无意地复制和模仿，与宝宝的互动就有了一条主线，从而避免了互动多元化中的杂乱无章现象。

第五节　月子早教

▼

聘请月嫂的目的：照顾产妇和初生宝宝的一切事务。其次，家庭成员要向月嫂学习营养餐的配制和烹饪，最重要的是学习宝宝的日常护理及育儿实战经验。

回想起我当年坐月子时，老公把我妈妈请来，叫"伺候不满月"。那个年代，做产妇三餐得烧柴火或煤球，宝宝用的是尿布，阴雨天时锅台四周都烤着换洗用的尿布。"不满月"产妇的伙食比平常多一颗鸡蛋，加几片羊肉，早餐主食吃馒头片，午饭是清汤鸡蛋挂面，晚饭是炖山药加馒头。我们山西老家每天要煮三顿小米粥，既泻火又下奶。而如今，城市里几乎家家请起了月嫂。20 多年的变化太大了！

升级做了姥姥后，来北京的第一餐的餐桌上，奶奶就对我说："月嫂我们已经确定了，是一位金牌月嫂，您放心吧。"大家就来看看我们家这位金牌月嫂的绝活儿吧！

1. 聘请专业的月嫂

宝宝在医院一出生，月嫂就到位了。月嫂在医院里负责产妇和宝宝的陪护事宜，姥姥和奶奶忙着回家做月子餐，在家和医院之间奔忙，并替换整晚都无法合眼的月嫂好好休息。

宝宝出生后第三天出院了，月嫂就开始给宝宝洗澡了。

给宝宝洗澡对室内温度要求很严格，室温为 27℃ 较为适宜，此时女儿会准时打开手机播放舒缓的音乐。经过严格专业训练的月嫂，洗澡技能非常娴熟。洗澡顺序为：从头到脚，从前到后，双臂置换让宝宝前后转体是关键，洗澡的最后环节要让宝宝在水中漂浮数次，享受在温水里漂动的轻柔感觉。随后月嫂把宝宝放到浴巾上，用浴巾轻轻吸去皮肤上的水。再将宝宝放到另外一块干浴巾上抚触：抹油（按摩油）、做操，抚触上肢、下肢，翻身、背部捏脊。最后一步是爬行：让宝宝从浴巾的一边爬到浴巾的另一边，这样有助于宝宝肢体发育，促进提前爬行，促进大脑发育。

聘请月嫂可以整体提高家庭成员的育儿水平。产妇的日常护理和饮食也不用家人太过操心。

为了尽快掌握给宝宝洗澡的技能，姥姥及早地参与了宝宝的每次洗澡，并把月嫂的洗澡流程总结为：

小天使嘞好宝宝，天天都要洗一澡。

左手托头漏出水，耳朵谨记不进水。

头胸胳膊和小腿，轻轻擦洗记得牢。

架起前胸递右臂，前后转体洗后背。

洗完接着浮几浮，提起宝宝浴巾裹。

抹油上粉洁肚脐，鼻孔耳朵大腿根。

抚触按摩带做操，爬行东头到西头。

加油点赞带鼓劲，赚取妈妈温馨臂。

直到月嫂快要结束服务的最后几天，姥姥已掌握了自己给宝宝洗澡的技能，并让月嫂监督，直到月嫂满意为止。

2. 取一个好听的名字

小千宝宝在出生第十天时，有了自己的名字和乳名。

女儿女婿延续小千的乳名，给二胎双胞胎起了乳名：小万、小亿。双胞胎出生的那一刻，姥姥、奶奶、爷爷、姥爷"升级"成了小千、小万、小亿三宝的姥姥、奶奶、爷爷、姥爷。

我们每一位做姥姥、奶奶的都有这种感受：**热切地等待宝宝的出生，欣喜地迎接天使般的新生命，谨小慎微地守望他们从弱不禁风的小婴儿一天天长大。**

3. 选择适宜的居所

月嫂看到姥姥24小时带千宝，体力很难支撑下来，便建议女儿搬到奶奶家住。白天奶奶上班，姥姥带宝宝，晚上奶奶下班，奶奶带宝宝，姥姥休息。于是，女儿一家三口在小千出生后的第36天以"挪窝"的理由搬回了奶奶家。月嫂是在小千出生后26天结束工作的，姥姥单独守候他们一家人，只有10天的时间。

奶奶是个明白人，以"挪窝"为名把他们接回了自己家。从千宝出生第 36 天开始，姥姥便有了晚上独处，安心睡觉的夜晚，在周日也有了可以自由安排的时间。

有了一个独处的空间，姥姥可以静下心来琢磨怎样才能把宝宝带得更好，精细地养育宝宝。

在此，我要告诫所有的奶奶、姥姥、新手爸爸、妈妈们，一定要营造一个让宝宝安心成长的环境，同时也给姥姥或奶奶准备可以好好休息的居所，这样她才会有充沛的精力带好宝宝。另外，也感谢女儿及她的婆家人的理解和支持，让小千成为一个最幸福的宝宝：每天都可以白天时和姥姥在一起，晚上时和奶奶在一起，睡觉时和爸爸妈妈在一起。我也成为了最幸福的"外地姥姥"。

有些家庭不具备给祖辈抚养者创造单独居所的条件，三代人都住在一起。对于这种情况，晚辈们下班回家一定要多帮祖辈分担家务，让祖辈抽出时间出门多活动，尽可能给老人一些自由时间。

▶姥姥的悄悄话

比养育第三代更难的是讲一口流利的普通话。

长辈从外地"迁徙"到大城市协助儿女养育下一代，如果儿女的婚姻是跨地区婚姻的话，最难统一的莫过于语言的标准化。儿女们都在用普通话与他人沟通，而很多长辈普通话并不标准。所以，祖辈照看宝宝时，很多儿女对他们的第一要求就是要讲普通话，为的是给宝宝营造一个标准的语言环境。其实，方言对于宝宝的语言发展并没有长期的影响，但是年轻的父母总是免不了会有更高的期待，如果长辈能够说普通话当然会皆大欢喜了。

我在北京带外孙到第四年时，自以为普通话说得很好了，结果经常被4岁的小千笑话："姥姥，你说错了，是老船长，不是老床长。看我的口型：chuán，不是 chuáng。"

如果隔几天再回一趟老家，或者接两个老家人打来的电话，一不留神嘴里就会蹦出家乡话，也会被女儿笑着提示："妈，小千听不懂你的话，你用'外语'跟人家讲话，人家不搭理你呀！"

小千4岁时还没有学习汉语拼音，却能说出好听的普通话。我在北京生活了 4 年，还会出现前后鼻音混乱，甚至音调的错误。惭愧之余，也感慨幼儿掌握语言的过人能力。

宝宝出生后的第一年是学习语言的关键期。一般在一岁以内可以同时辨别出多种语言，到一岁时就能够选择以母语为主的一到两种语言。经常和宝宝进行语言互动，对宝宝提早说话、学会表达有很大的引导和推动作用。

我们家的三个宝宝说话都很早，也很善于表达，应该得益于我用普通话与他们的沟通和互动。

第二章

宝宝心理健康的六大基石

【晴天妈妈说】

爱不是形式，而是流动。爱不是给予"高大上"的玩具和浮夸的表扬，而是点点滴滴的陪伴、欣赏、鼓励、支持、允许和成就。

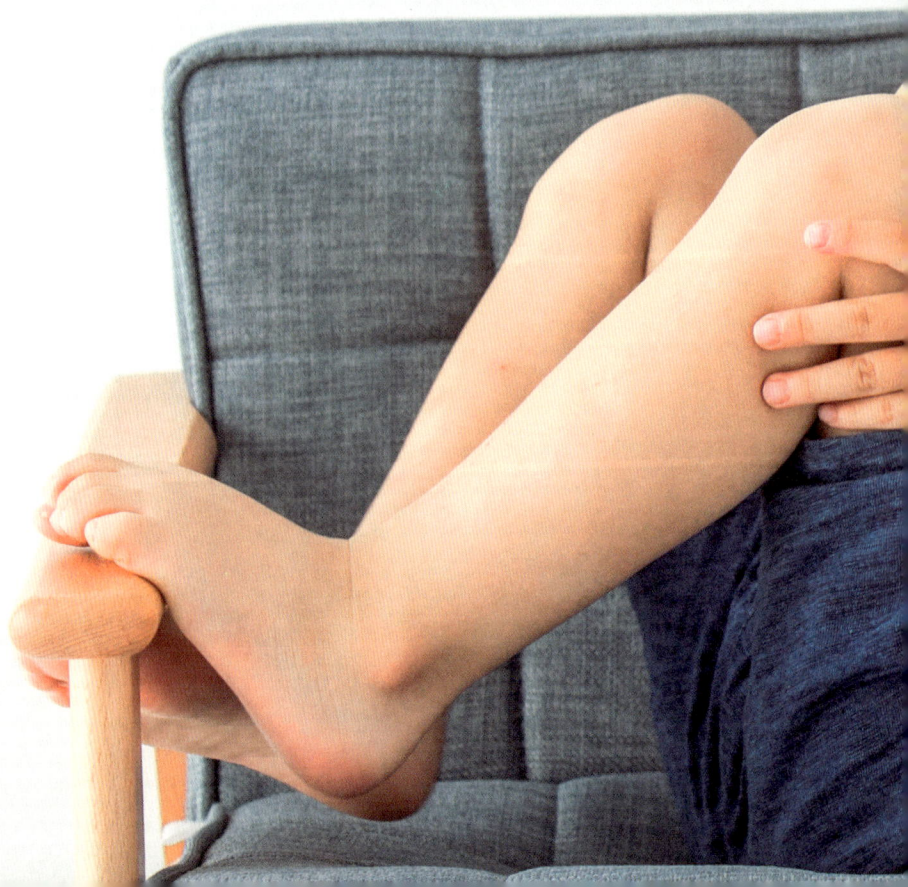

第一节　会爱——爱他如他所是

▼

随着年轻人晚婚、晚育现象的增多，很多老人帮儿女照顾孙辈时都已是高龄，他们对孙辈的爱也超越了年轻时对儿女的爱。

这种爱，没有了偏执和强制，更像水和沙，柔软而又具有包容性。这就是"爱他如他所是"：全盘接受儿孙们的一切，欣赏他们的优点，并且包容他们的缺点。

▶ 姥姥的养育笔记

大宝小千机灵聪慧，善于观察，好奇心、求知欲和掌控欲强，既热情又霸道。我就多带她出门和其他宝宝一起玩，让她学会理解别人；多让她读书；多让她进行探究和尝试。例如，看到别的小朋友拿着新奇的玩具，小千瞪着眼睛就想上去抢，但是马上会回头看一眼我，我便赶快提示她："跟人家商量商量。"小千赶紧去小推车里拿出自己的玩具，对这个小朋友说："我们可以换着玩吗？"，对方说："好！"小千便立即专注地进入了玩的状态。

二宝小万勇敢顽强，动手能力强，精力充沛，愿意独立。我就多鼓励他完成一些大动作，给他提供大范围活动的空间，同时加强安全防范，并像一个老顽童一样陪他一起玩。

三宝小亿温和友善，好胜心强，动作精细稳当，内心细腻，更愿意用眼睛说话。我就多和他沟通，多帮助他赶上哥哥的大动作，为他提供做更多精细动作的机会和丰富内心的互动。

随着年龄和能力的增长，他们又逐渐展现出"大致同步，各有优势，彼此协作，偶尔冲突"的发展状态。每一个孩子，每一个阶段，都有惊喜。

当女儿女婿回到家，我则放心地把宝宝们交给他们，并一起分享宝宝们当天有趣的事情。然后我会很快走开，要么给小夫妻和三个宝宝做他们喜欢吃的家常菜，要么去逛超市，或者去健身、跳舞，为第二天积攒充足的心力和体力，以应对忙碌的一天。

这份难得的"放得下"，是长辈们的特质。50多年的人生积累让我们有更多的从容心态来接纳儿女和宝宝的一切。爱他如他所是，这份顺遂，也是一种修炼。学会欣赏对方的优点，学会包容对方的缺点，所谓真正的爱就是全盘接受。

宝宝越小，越会通过感官，尤其是触摸（低月龄时用嘴啃咬）来探索和认知这个世界。出门时我会带上湿纸巾，回家后第一件事就是认真给宝宝洗手。

在雨后的夏天，我会拿个盒子或小桶，和小万小亿一起（小朋友们有时会聚在一起观看）蹲在小灌木丛旁抓蜗牛，再提着蜗牛桶回到小亭子里，一起观察蜗牛如何爬出小桶。时不时的，小万、小亿会将小蜗牛从对方的蜗牛桶中抓回自己的小桶。有时小万的蜗牛比小亿的多两只，小亿嚷嚷，我便提示他："跟万哥哥商量，问人家借一只给你。"小亿跑向小万说："万哥哥，借给我一只蜗牛好吗？"小万用小手抓了一只蜗牛给小亿，小亿赶快说："谢谢万哥哥"。

　　这本来是一个生动有趣的探索活动，如果因为大人的担心，怕孩子弄脏手，怕沾染细菌，则会让宝宝失去一次走进自然、尽情观察小蜗牛的机会，也失去了和小朋友们一起观赏和分享的良机。

　　"爱他如他所是"便是站在孩子的视角，帮他完成一次次有趣的探索和成长，让他呈现出自己最好的求知状态。对孩子而言，这是人世间最珍贵的礼物！

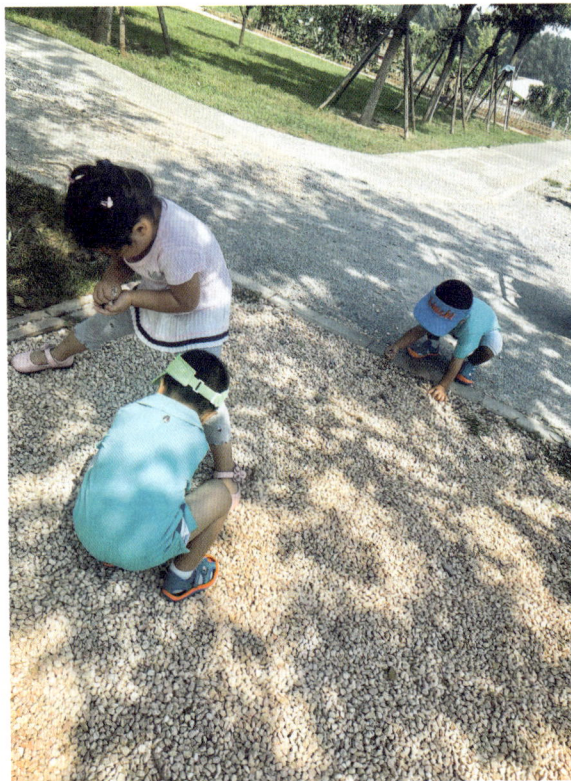

第二节　接纳——唤醒生命的内在潜能

宝宝是上天赐给我们的最珍贵的礼物，不管他们高、矮、美、丑，温顺还是淘气，我们都要平等对待，无条件地接纳他们。同时，给予他们无限的爱和足够的信任，培养他们的自尊心。

对于宝宝发育早一些或者晚一点的问题，我一直很淡定，并告诉家人不要着急。只要我们提供给宝宝良好的环境和条件，并做出应有的努力，对宝宝有足够的信任和信心，同时不吝给予他们鼓励和赞美，宝宝一定能够在正常的发育阶段掌握该具有的本领。

让宝宝感受到长辈们在接纳背后无限的爱和足够的信任，帮助宝宝建立良好的安全感和自尊心，进而唤醒孩子内在的智慧和原动力。

"三翻六坐八爬""十月说话周岁走"，宝宝成长到哪个月龄一定会做哪个月龄的事。我从不和别人家的宝宝攀比，也不去炫耀，发自内心地觉得"宝宝还是自己的好"。女儿生了 3 个宝宝，哪怕生 30 个都是哪个都亲（除了累点，真的哪个都亲）。

虽然每个孩子都有自己的成长优势，但这些都不该是偏爱的借口，尊重他们的节奏，欣赏和支持他们。

大宝小千说话早，9个月大时就能说出很多称呼，"球球""狗狗""哥哥""葡萄""香蕉"，只要大人要她说，她就能清晰地说出来。小千11个月大时，邻居康康2岁零1个月大，才终于会叫奶奶了，康康奶奶领着他走上楼宇门的台阶，小千朝着这位奶奶喊了一声"奶奶"。康康奶奶说："是千儿叫奶奶呢？""是！""多大了？""11个月"，惊讶得这位奶奶半天都没挪步。

双胞胎小万和小亿10个半月时就可以自己走路了，小亿这个时候已经长了7颗牙了。

我很淡定，因为无论他们迟与早都会在正常范围内学会应该学会的事情，早学会早好，迟学会也不急，只要做出应有的努力，一定会有成效。

小亿头围比小万大1厘米，所以翻身就比小万（3个月）晚半个月，我平时会给小亿增加做操动作，还多让他做翻转运动，小亿自然就会赶上小万。

4个半月大时，小万满屋子爬行，小亿还在原地打转转，我就在小亿眼前放一个他最喜欢的玩具小象，让他用手去够那只小象。推推他的一只小脚丫，再推推另一只小脚丫，数次之后他就知道该怎样挪动他的胳膊和腿了。

小万6个月大时就能坐稳了，小亿因为头比较重，还坐不稳当。虽然我担心小亿的节奏会不一样，也考虑到要多保护他的脊椎，就不去训练小亿坐立，到6个半月大时小亿也能坐得很稳了。

只有对宝宝足够的信任，宝宝才会更容易学会本领。小万、小亿学会了推动滑动椅，自己练习移动和走路。只要大人提供环境和条件，并且不吝鼓励和赞美，宝宝很快就能学会。

全盘接纳宝宝的祖辈，充满爱意、动情而用心地关注宝宝的每一个行为，宝宝都能会心地做出回应。沐浴在爱的阳光里的宝宝，成长是神奇的，因为沉浸在爱的雨露中的宝宝，心灵是开放的，学习状态是最佳的，学习效率也是最高的。

第三节　鼓励——为宝宝的成长点赞

　　从养育女儿开始，到养育小千、小万和小亿，我从来都不吝啬给予他们赞美，并且百用不厌。在我的夸赞和鼓励下，宝宝们循序渐进地学会了做自己的事情，上幼儿园之前，他们能自己做的事情都很少需要我帮忙。

　　不过夸赞必须发自真心，才会具有神奇的"魔力"。长辈们切忌随口说一句"你真聪明！"或"你太棒啦！"，宝宝会误以为自己很聪明，不努力就能做到。这种随意的夸赞是无效的，甚至还可能导致宝宝滋生惰性，还不如不夸。

　　大人的赞美一定要有针对性，当宝宝通过努力学习到新本领的时候，及时地夸一夸他，能够激发宝宝的表现力和进取心。在夸赞的同时，重复宝宝的语言或者所作所为，会让赞美更加真诚而具体。

▶ **姥姥的养育笔记**

- - - - - - - - - - - - - - - - - - - -

　　有一天，小千从幼儿园回家后对我说："今天我把饭都吃干净了，一点儿都不剩，吃完饭还帮助老师收拾桌子了！"我听完高兴地夸赞她："千宝

有进步啦！不仅饭都吃干净了，还帮助老师收拾桌子了。姥姥相信千宝在家也不会剩饭了，还能帮大人做家务，对吗？"这样的夸赞不但会让宝宝产生认同感，还可以激发她将幼儿园里学到的东西运用到家庭生活中。

把宝宝有趣的游戏活动拍摄下来，之后和宝宝一起回看，同样也能起到赞美的作用。小万和小亿在两岁7个月的时候，都学会了骑小车。当他俩在地垫上蹬着小车转圈的时候，我用手机拍摄了下来，两个宝宝兴奋地看完视频，骑得更有劲了。这种记录方式对他们就是一种无形中的"恰到好处的加油"，所以，有心而及时的回应都是对宝宝最好的鼓励和赞美。

第四节　支持——给予宝宝正面确认

谁都想让宝宝成为一个聪明的宝宝，在他听不懂你给他讲的道理的时候，最有效的方法就是"正面确认"，意思就是你不停地呼唤他生命中的"小天使"，小天使就会出现在你的眼前。否则，你就在呼唤他生命中的另一面——小魔头。

澳大利亚心灵成长导师朗达·拜恩在其著作《秘密》（*The Secret*）中，阐述了关于吸引力的法则——一切都是你吸引来的，你想什么，就会拥有什么。将此法则应用到养育宝宝上就是，你想让宝宝成为什么样的人，那就给他正面确认，最终他就会向你不断确认的方向靠近。如果你想让他拥有某种好品质或好习惯，只需要不停地去确认，他一定会如你所愿。假如你不停地抱怨孩子："你怎么这么不听话啊！"一段时间以后，你的强化就变成了负面的暗示，提醒和放大了孩子的问题，时间久了，孩子就真的会变得越来越不听话。

▶ 姥姥的养育笔记

- - - - - - - - - - - - - - -

小千4个多月时，无意间用小手比划出一个"2"的手势，而小亿也在4个月时用手比划出一个"1"的手势。我分别抓住这一举动小题大做了一番：

"看看我们的小千和小亿，居然会做 1 和 2 的动作了。"先跟宝宝们确认一次，再在女儿和奶奶面前确认一次，宝宝们就会知道做这个动作大人们很在意，只要继续做，大人们就会一直关注下去，慢慢地他们就会加深对数字的记忆。

我们要善于发现、善于觉察，抓住机会与宝宝反复地进行互动。家人的关注和认可对宝宝来说是一种成就感，可促使他以后愿意去做更多的尝试，刺激他的心智和意识进一步发展。

随着小千长大，外出更加频繁，因而更多地触碰外面的东西。回家要做的第一件事就是洗手，在洗手时我时常夸奖千宝是一个讲卫生的宝宝。开始时大人给她洗，慢慢地大人帮着她洗，后来就是她自己洗，最后小千便成为了一个讲卫生的宝宝。

你想让宝宝拥有某种品质或习惯，你就要不停地去确认，宝宝一定会如你所愿。假如你不停地抱怨："你怎么这么不听话呀？"一段时间以后，你的强化就变成了负面的，提醒和放大了孩子的问题行为。经年累月，如你所愿，他就是个不听话的孩子。

第五节　陪伴——重视质量更有效

▼

从人类的身心发育规律来讲，婴幼儿时期最为脆弱和漫长，成人的陪伴不但能加深与宝宝之间的依恋关系，还能帮助宝宝建立安全感。高质量的陪伴体现在高质量的互动中。

1. 陪伴宝宝吃、喝、拉、撒、睡

通过各种回应、引导、互动，慢慢地让宝宝学会自己吃喝、自己如厕、自己入睡。

2. 陪伴宝宝玩

要像一个老顽童一样，陪宝宝做各种各样的游戏。对宝宝而言，玩就是学，在轻松愉快的玩耍中，他们学会翻身、爬行、坐立、走路等技能和本领。但要记住，在宝宝专注的时候我们不要轻易去打扰他。

3. 好心境面对宝宝

多带宝宝外出，让宝宝体会晒太阳、运动等户外活动带来的益处，感受大自然的美妙。

而祖辈们陪伴宝宝的心境是最为关键的一环，保持愉悦的心情，对宝宝做的所有事情都感兴趣，和宝宝保持交融喜悦的互动状态，对宝宝的成长有极大的影响。

你若愁眉苦脸，宝宝的心智便是锁定状态。你教他学这学那，事倍功半，孩子一定不会很聪慧。

你若心猿意马，宝宝的第六感觉便会知道你心事重重，宝宝会察觉到你的三心二意。

你若和家人、保姆相处不好，情绪波动，宝宝会读懂你的潜台词，他也会很不开心。

高质量的陪伴很简单，只要你全身心投入，心静如止水，享受和他们在一起的好时光，并沉浸其中体验乐趣。此时的宝宝拥有绝对的安全依恋状态，学习、探索更容易专注。

一个精力充沛、"激情四射"的祖辈，和一个有气无力、无精打采的祖辈带出来的宝宝，毫无疑问一定会有天壤之别。

高质量陪伴，就是养育者以最佳的心境、最积极的状态，不厌其烦地和孩子进行各种各样的互动交流。孩子会用最短的时间，启动最高效的学习机制。对孩子而言，玩就是学。

第六节　倾听——读懂小生命的"婴语"

　　每个宝宝都是自带"精神胚胎"来到这个世界的，他会按照强大的自然生命规律成长。在宝宝成长的各个敏感期，我们要善于捕捉他们的智慧闪光点，觉察每个行为背后隐藏的线索，诱导和鼓励他们学会该学会的一切，并且恰当而巧妙地帮他们达成自己的愿望。

　　宝宝每一个特别的行为背后都隐藏着召唤的渴求，需要我们用慧眼去发现。学习倾听"婴语"（婴儿导向性语言，即儿化语），能够了解宝宝真实的表达。用"婴语"和宝宝沟通，更容易和宝宝产生共鸣，这也是对宝宝的爱和尊重。及时回应和满足宝宝的愿望，宝宝就能回报给我们更多的惊喜。

▶ **姥姥的养育笔记**

- - - - - - - - - - - - -

　　4个月大时，小千喜欢盯着带有图片的画册看，还会"喔喔喔"地大叫不止。我和着她的"喔喔"声，学着"婴语"回应着小千："千宝是个爱学习的宝宝，特别爱看画册，对吧？"然后，我一页页地翻开画册，讲给小千听，小千就在婴儿床上一边不停地"喔喔喔"，一边兴奋地手舞足蹈。

8个月大时，小千开始抢勺子要自己吃饭。如果不给她勺子，她就把头摇得像拨浪鼓似的，还会说"不"。我会提高音调大声地重复宝宝说的"不"，并用"婴语"回应她："千宝不要大人喂饭，要自己用小勺吃饭，对吗？"千宝立即点头："嗯！"

小万和小亿每次吃饭都由保姆和我分工来喂。他们10个月大的时候，我开始给小亿更多的机会让他自己搅和着吃，而保姆担心小万自己吃会把衣服弄脏，还是坚持喂着吃，小万就会一边反抗一边哭闹。我赶紧找出小罩衣，让保姆撤掉围嘴给两个宝宝都穿上，小万这才破涕为笑，开心地自己吃饭了。

大人用"婴语"和宝宝互动沟通，就是和宝宝处在同一频率上。宝宝的大脑更愿意对同频率信息做出选择，更容易形成大脑运动区域、语言区域、认知区域、社会性区域、情绪区域的神经回路。因而，大人用"婴语"与宝宝交流会有效促进宝宝的心智和技能的发展进程。

婴语互动中及时回应和满足宝宝的愿望不仅是对宝宝的爱和尊重，更能激发宝宝丰富的思维和想象，更好地表达和追求自己所有的渴望、需求、梦想。伴随着一次次习得经验的成就感，宝宝会在婴语的和风细雨中建立真正的自尊和自信。

宝宝每一个令人惊奇的动作都预示着瞬间召唤的渴求和灵性，你要用慧眼察觉和发现它，牢牢地锁定它，并用婴语式表达"借题发挥"一番，宝宝就会铭刻在心，并很快回报给你更大的惊喜。宝宝做出的回应不是他们刻苦学习而来的，而是你用杠杆儿原理撬动轻松快乐习得而来的。

这种智慧是祖辈们花费时间和经验陪伴所得，也是我们经年的一种修持。经由长辈之手养育的宝宝，一定会成为极具个性的"人物"，因为他们拥有独特的灵性和慧根。未来无论他们在哪个领域奋斗，都会活出他们自己的非凡人生。

▶姥姥的悄悄话

"夜太长"的煎熬

来到北京后,我的第一感觉就是自己成了"老北漂",虽然住在女儿家,但身处陌生环境,寄人篱下的感觉特别明显。与外人沟通时,讲方言没人听得懂,讲普通话表达和思维又不能同步;出去购物时,在超市和商场发现小城市和大城市的物价和生活观念存在很大差距,这也让我备受挫折……

我习惯晚睡,但女儿和女婿第二天要上班,我怕影响他们休息,只好早睡,但是多年习惯了晚睡,不太容易入睡。到了早上,想多睡一会儿,又怕影响儿女们上班,只好定闹钟早起。虽然女儿家的一切都正常进行,但自己却像一个换了脑袋的机器人。所以,我需要尽快调整心态,调整生活习惯。

月嫂是一个很不错的人,经过一个月的真诚相处,她担心我的身体状况,向女儿建议让我单独住,利用晚上的时间好好休息,之后的4年半,我便有了晚上和节假日独处的时间。从这一点来看,有经验的专业人士能从家里的实际情况看出端倪,提出更好的建议和解决方案。

好不容易盼到小千9个月大，再"熬"两年她就上幼儿园了，我琢磨着回老家呼吸一下自由的空气，不曾想，两个双胞胎宝宝又出生了。这让我又喜又愁，高兴的是我又要有两个外孙了，发愁的是这意味着我至少还要在北京生活三四年。两种心情交织在一起，常常让我彻夜难眠。尤其是双胞胎出生后又请了月嫂，家里一共九口人，想想就觉得家人沟通和家庭事务特别烦琐。

　　最让我记忆深刻的是我父亲的突然去世，我错过了见他最后一面。那几天，我几乎夜夜无眠。虽然有月嫂帮忙，但因为三个宝宝都处于养育和早教的关键期，我丝毫不能懈怠，距离的原因让我很难两全。父亲的葬礼办完之后，我又匆匆赶回北京，回到三个宝宝的身边。当时的心情，我想所有的长辈都可以理解，那时的夜真的太长，也太难熬……

　　守护三个宝宝的每一个漫长的夜晚都封存在我的心底，我没有因为痛苦的心情和身体的疲累而影响三个宝宝的养育，而是更加珍惜和他们相处的每一个片段，也让我铭记我的公婆和姑嫂都是这样帮我带大了我的孩子。亲人的恩情无以为报，唯有把自己的孩子养育成人、教育成才，并把对他们的深情传递给下一代。

第三章

宝宝身体健康的五大关键点

【晴天妈妈说】

教育的最高级目标是"健康"，从身体、心理、精神到整体发展的平衡和健全。看似孩子怎样都会长大，但心理营养早已在生命初期和家庭互动早期，种下了关键的种子。

第一节　早教——育儿路上没有捷径

▼

我用 4 年半的时间参与了三个宝宝从出生到上幼儿园的整个养育过程，对婴幼儿养育的体会最为深刻，可以说，育儿路上没有捷径。

为什么有的宝宝身体素质好，不轻易生病呢？原因在这里：

刚一满月，他们就开始在水池里自由地撒欢了。

刚一满月，他们就被抱出去沐浴阳光了，即使在冬天也要出门（每天至少 20 分钟）。

宝宝的抵抗力就是这样一点一点变强的，而且起步越早，效果就越好。

宝宝一出生就可以体验浮在浴盆里洗澡、抚触等最初的早教了。在孩子出生后，只要家人都准备好了，在安全舒适的情况下，就可以让宝宝游泳、晒太阳了。

游泳对宝宝来说是一项益智强身的运动，不但可以强壮骨骼的发育，还能提高宝宝的免疫力，减少宝宝生病的概率，让宝宝即使生病了也恢复得很快。

无论是炎炎夏日还是数九寒天，只要阳光灿烂，都要带宝宝出来晒太阳（中度、重度雾霾和阴雪、雨天气除外）。晒太阳可以补充维生素 D，促进新陈代谢，很多自限性疾病晒太阳和户外活动，却能帮助加速恢复。从每天晒太阳20分钟开始，

随着宝宝月龄增加，晒太阳的时间也要增加。另外，记得每天给宝宝吃一滴维生素 D。

　　沐浴阳光，呼吸清新的空气，聆听树上的鸟语、蝉鸣、大人与小朋友们的说话声，都能为宝宝说话、发声进行储备。尽早和外界的人、事、物进行接触，可以刺激宝宝大脑的发育。

到了温暖的季节，还可以带宝宝去更远的地方游玩。让他们从小就去亲近自然，在不同的环境中见世面，对宝宝的视野、心胸、境界的开阔和提升都有着深远的影响。

▶ 姥姥的养育笔记

每次带着宝宝出门，我都会一边推着小推车，一边跟宝宝念儿歌："嘎叮叮，嘎叮叮，我们出来了。晒个太阳吹个风喽，亭子那边找朋友啦！"有声音、有律动、有音乐，这种仪式化的互动会无形中增加外出的乐趣，让宝宝对出门充满向往和期待。

等到宝宝6个月大，能坐稳后，我把小推车由平躺状改装为直立状，在小推车的把手横杆处挂上一个提包，里面装上宝宝用的水壶、干湿纸巾、尿片等，推车下面备上我要用的小折叠凳、水壶以及宝宝的腰凳、玩具、绘本等。

宝宝月龄越大，晒太阳的时间越长，所需的物品也就越多。我还会带上宝宝如厕的衣物、鞋袜，用保鲜袋分别装好。

晒太阳的场地也要不停地更换，让宝宝一边晒太阳一边欣赏不同的景色，接触不同的人、事、物。

第二节 规律——养成宝宝规律的作息

▼

宝宝对秩序和稳定性要求比较高，大人可以利用这一特点，将宝宝的各项生活事宜做一个统筹和规划：几点外出、几点午睡、哪天游泳、哪天接种疫苗等都要心中有数，对宝宝的每个敏感期都提早做出判断。有计划、有规律的生活能够让宝宝养成诸多的好习惯，同时能给予宝宝足够的安全感。

其中，最需要关注的就是要保证规律的睡眠，要用心做好宝宝入睡前的所有铺垫准备，让宝宝心情舒畅、精神平缓，这样才能更容易地进入睡眠状态。

1. 和宝宝进行有效沟通

随着宝宝大脑的发育，运动、情绪、语言和阅读的发展，6~8 个月龄的宝宝有时候会出现半夜哭闹的现象。我们可以在睡前和宝宝做好有效的沟通，注意语气要温和，话语要到位，让宝宝能够听明白，还要相信他能做得到。一句柔声细语胜过无用的千言万语，温和的鼓励永远是宝宝成长的最佳"神器"。

2. 定期适时更新催眠曲

当宝宝玩得兴奋时，或者上午休息的时间偏长，下午已经没有睡意时，催眠曲就是让宝宝入睡的最佳选择。智慧的养育者一定会从按时入睡着手，建立相对固定的"睡眠仪式"，因为按时作息在宝宝的所有行为习惯中具有关键的保障作用，这样养育者才能以轻松、有效的方式来养育宝宝。

催眠曲要抑扬顿挫，有张有弛。歌词要积极向上，对宝宝产生积极的影响。因为催眠曲可以进入宝宝的潜意识，能够潜移默化地支配和左右宝宝未来的行为习惯。

哼唱催眠曲的时候，语言要略带含混，节奏要舒缓，语气要轻柔。随着宝宝睡得越来越安稳，语调要越来越低沉，越来越缓慢，这样宝宝才会在迷迷糊糊的状态下全盘吸收。即使宝宝已经睡着了，大人也要把催眠曲唱完。

▶ 姥姥的养育笔记

在宝宝成长的不同阶段，我哼唱过不同的催眠曲。

（1）1~3 个月龄的催眠曲

喔－喔，喔喔喔！

喔－喔，喔喔喔！

三宝好嘞，三宝乖嘞。

三宝困了，睡觉觉嘞。

又不哭嘞，又不闹嘞。

闭上眼睛，姥姥抱嘞。

呼噜呼噜，睡大觉嘞。

睡得香嘞，吃得饱嘞。

长白长胖，个子高嘞。

聪明伶俐，身体好嘞。

（2）3~6个月龄的催眠曲

三宝困了，要睡觉嘞，

进梦乡嘞，睡得香嘞。

梦乡里嘞，有爸妈嘞，

爸妈给我们买书包嘞。

背书包嘞，上学校嘞。

学校里嘞，有同学嘞。

课堂上嘞，老师教嘞。

三宝边学边长大嘞。

注：这种催眠话语能让宝宝喜欢上幼儿园和学校。

（3）9~12个月龄的催眠曲

三宝好嘞，三宝乖嘞，三宝困了进梦乡嘞。

长出一对花翅膀嘞，飞喽飞喽飞起来了。

三宝飞喽飞喽飞喽飞，飞过青青的草地。

三宝飞喽飞喽飞喽飞，飞过蓝蓝的海洋。

三宝飞喽飞喽飞喽飞，飞过广阔的天空。

三宝飞喽飞喽飞喽飞，飞过无边无际的宇宙。

三宝飞喽飞喽飞喽飞，翱翔在知识的海洋。

三宝飞喽飞喽飞喽飞，徜徉在智慧的宝库。

在一次次的"飞喽飞喽"的念叨中，宝宝的心也会跟着催眠曲一起飞起来，往往还没等我唱完就睡着了。到宝宝9个月大时，我一唱"飞喽飞喽"并做飞翔的动作，宝宝就知道自己该睡觉了。

（4）一周岁以后的催眠曲

我会根据宝宝的喜好，先编讲一段故事，对宝宝的睡眠意念起到牵引的作用，再慢慢地哼唱起催眠曲。

熊爸爸和熊妈妈有三个宝宝：熊千宝、熊万宝和熊亿宝。它们一起来到海边游泳。熊爸爸第一个上岸，撑起一把大大的彩虹伞，熊妈妈摆出五把沙滩椅，还准备了汽水和零食。吃完了，喝完了，到了午睡的时间了，宝宝们一起听着熊爸爸的指令开始睡觉吧：

闭上眼睛，全身放松，打开全身的毛孔，放松、放松、再放松……

三宝的眼睛睡着了，三宝的眉毛睡着了，三宝的额头睡着了，三宝的嘴巴睡着了，三宝的耳朵睡着了，三宝的身体也睡着了……

"睡着了"这三个字用悄悄话式的语调，由中速到缓慢，最后到极慢。语气越来越轻，越来越柔。假如宝宝还没有睡着，就继续哼唱，直到宝宝睡着为止。

在催眠曲的帮助下，大多数的宝宝都能在 2~10 分钟内睡着，绝大部分宝宝会在 5 分钟内入睡。随着宝宝认知能力的进一步提升，宝宝会开始抗拒原来的催眠曲，这时就需要不停地更换新的催眠曲。借用挂在墙上的一幅画或者手边的一个玩具，大人可以发挥自己的聪明才智，创作出生活化的催眠话语。

▶ 姥姥的养育笔记

小亿两周岁时，喜欢看各种关于车辆的书，比如消防车、大卡车、小飞机、工程车、摩托车等。吃过午饭，小亿就会拿两本书躺在我身旁说："姥姥讲。"到了该睡觉的时候也不愿意睡："姥姥，我还要看书。"我指着书上的车问："你喜欢它们，对吧？"小亿点点头。我合上书，将书放在小亿耳边说："你听听，它们在跟你说话呢。它们在说，小亿宝宝，我知道你喜欢我们，但是我们在书里面，你只能看到我们，却不能开我们。这样吧，你赶快睡着走进梦乡，我们就可以在一起玩了。""好！"小亿开始闭上眼睛，于是我即兴编了一段新的催眠曲："我们相约在梦里，亿宝宝睡着了，亿宝宝开着我，我载着你，我们一起去工地，一起工作，一起玩耍，一起去挖土、挖沙，把墙壁的空心填满，把地面铺平，再把多余的东西用翻斗车拉走，我们相约在梦里。"我还没唱完，小亿早已睡着了。

3. 根据季节变化调整作息

（1） 晒太阳与午睡的时间安排

宝宝 2~5 个月时，可以在上午和下午阳光充沛的时候出门晒太阳，中午午睡。宝宝 6~10 个月时，如果在冬季，可以在上午 10:00~11:00 或下午 13:00~14:30 晒太阳；如果在夏季，可在 10：30 之前或 15:30 之后晒太阳。随着季节的变化，宝宝晒太阳和午睡的时间可以做出适当的调整。

（2） 晚上睡觉时间的安排

未满月的宝宝要学会分清昼夜，白天玩、夜里睡。随着月龄的增加，白天玩的时间越来越长，夜间也要逐渐增加睡眠时间。一定要让宝宝早睡早起，养成良好的睡眠习惯。规律的作息不仅会让宝宝更有安全感，也更容易让宝宝情绪稳定，提高宝宝日后的自律能力。

宝宝应在 6~10 个月大时逐步改掉夜晚睡觉期间喝奶（即断夜奶）的习惯，并在晚上 19:30 左右进入睡眠。

宝宝在一周岁以后，最晚不超过 20:00 入睡。

在宝宝将要上幼儿园的前半年，睡觉时间和其他作息时间要与幼儿园的作息时间同步。夏季在晚上 21:00 前入睡，冬季在晚上 20:30 前入睡。

（3） 断夜奶的必要性

宝宝 6~7 个月时，活动量增加，对营养的需求增加。同时，大脑发育加快，对妈妈的依恋越来越强，以至于整晚都缠着妈妈吃奶。

随着辅食的增加，宝宝在夜间不会感到饥饿，这个时候就需要给宝宝断夜奶了，也就是隔断宝宝对母乳的依赖，同时让宝宝养成良好的睡眠习惯。断夜奶要一次断彻底，切忌恻隐之心和反复。

（4） 如何叫醒酣睡的宝宝

如果宝宝在不该睡的时间睡觉，要人为地调控他的作息，按时唤醒宝宝。轻轻抱起他或者打开音乐、稍大声说话，都能叫醒他。如果宝宝还不够清醒，可以举高高、揉肚子、做被动操，或递给他一个新奇的玩具等。

▶ 姥姥的养育笔记

小千一岁半左右时，我使用了百试不爽的"午觉叫醒三部曲"。

先喊一声："姥姥的乖乖千宝，该醒了！"她睁了一下眼睛又闭上了，进入浅睡眠。

过一分钟后，我再喊："千宝贝儿，朵朵和朵朵姥姥在下面等我们呢！"小千翻了个身，哼了一声，眼睛还是闭着。

再过两分钟后，我接着喊："姥姥把好吃的东西都给朵朵吃了！"她听到这里，顿时来了精神，一下子坐起来，嚷嚷着："不行不行！"哈哈，成功叫醒。

第三节　运动——掌握宝宝的运动节奏

▼

爬行早的宝宝走路早，说话也早。如何让宝宝学习爬行，在早教课程里的详细描述是：宝宝做俯卧状，前面放一个玩具，大人用手交替推动宝宝的两只小脚丫，每天重复做，渐渐增加宝宝学习爬行的时间。

宝宝 5 个月大时，四肢能够自主地交替运行。随着宝宝"视野"的开阔，对宝宝进行精细动作和大动作的训练，可以促进四肢的协调发展和左右脑的开发。

抓住每个宝宝不同时期的运动节奏加以培养和开发，对宝宝未来的情绪发展、社会能力、意志力和创造力等方面都会产生深远的影响。

▶ **姥姥的养育笔记**

- - - - - - - - - -

4 个月时，小千喜欢盯着带有图片的画册看，还会"喔喔喔"地大叫不止。双胞胎兄弟 3 个月大时，小万学会了翻身，而小亿头围比小万大 1 厘米，所以翻身就晚了半个月。为了帮助小亿练习翻身，我让小亿增加了做操的动作

和一些翻转的运动，很快小亿就学会了翻身。

　　4个半月大时，小万已经开始满屋爬了，小亿还在原地打转。我就在小亿面前放上他最喜欢的玩具橡胶小象，让他自己去抓，同时帮忙推动他的手和小脚丫，让他感受怎样挪动自己的胳膊和腿，慢慢地他就学会了爬行。

　　到了6个月大时，小万可以坐稳了，但小亿因为头比较重还坐不稳当。我担心小亿的脊椎过早负重，就先不着急去训练他坐立。等小亿6个半月大时，他也能坐得很稳了。

第四节　安全——平安是养育最大的成功

▼

每天都有媒体报道警示我们珍惜生命、防患于未然，有关儿童安全事故的报道更是没有停止过。3 岁之前的宝宝是没有自我保护能力的，全凭大人的监管才能平安地长大。没有比宝宝的平安和健康更重要的事了。

1. 安全教育——让宝宝拥有未来的保障

当宝宝学会翻身，不小心翻到沙发边上时，大人要提醒他："危险！掉到地面磕到会很疼。"

当宝宝爬到飘窗的玻璃旁，想用头碰撞玻璃，体验撞玻璃的感觉时，大人要告诉他："危险！磕到脑袋，鼓起大包，会很疼。"

当宝宝独自一人爬上台阶时，大人要立即制止他："危险！你能爬上去但下不来，四周无依靠，有危险就不要上去。"如果宝宝不懂危险，总是想要往上爬，不妨给他一点小小的警示。比如，当宝宝爬上台阶后，大人告诉他："让我们真正磕一回体验体验吧。"大人假装孩子真的要掉下去，在能保证不伤害不危险的情况下，让孩子在安全范围内体验危险。接着告诉他："大人不在跟前，你是不是就磕着了？"从此以后，他便不会再自己爬上台阶了。

这个过程不是恐吓，而是通过行动和结果，让宝宝在安全范围内感受"自然后果"。不是因为害怕大人批评而注意安全，而是因为自己能预知结果而注意安全。这是很多科学家支持提倡的"自然惩罚"。

在宝宝刚学会坐，如坐在小推车、宝宝餐椅、汽车里的安全座椅上时，都需要系上安全带。

当宝宝会走路了，出门玩的时候，千万不要让他们离开大人的视线。在有水的公园里游玩，要提醒宝宝在水边护栏外活动。遇到不好走的路，要告诉宝宝绕道走。

看到十字路口的红绿灯时，大人不妨示弱，让宝宝领着自己过马路，通过逆向思维让他们记住交通规则。

在儿童安全教育方面，需要反复地提示和教导宝宝，也要反复地强化和灵活调整自然惩罚、提醒、示范等方式。因为宝宝的大脑发育到 8~9 个月时才会出现记忆和模仿，经过无限次重复之后，在大脑皮层中形成回路，才能记住并分清什么是危险的、什么是安全的。

2. 安全防护——建立家庭安全防护网

家庭是宝宝成长的摇篮，来自家庭的支持是最有效的保护。做好家中各种细节的防护，可以最大限度地保障宝宝在家中的安全。

家里的餐桌、茶几、墙壁突出的部位，宝宝可能会触碰到的边角等，都要粘上防撞条或者桌角保护套。

所有宝宝能够够得到的电源插孔都要用电源卡子密封好，暖水瓶要放到宝宝够不到的地方。

地垫或床单上的一些细小的物件，质地坚硬、有棱角的东西应随时清理干净。

如果宝宝和大人一起睡大床，那么床沿一定要安装防护网。

大人要告诉宝宝：有人敲门，先问清是谁，不认识的人就当他是"大灰狼"，千万不能开门。

……

从某种意义上讲，细节的到位与否决定了养育质量的高与低，0.01% 的意外对宝宝来说就意味着 100% 的悲剧，安全底线的确不容忽视。

3. 社会共防——为宝宝营造安全环境

从食品安全到校园犯罪，虽然都是个别案例，但对学校、家庭和社会都是一种警示。只有社会齐抓共管，才能杜绝不必要的意外发生。

社会安全，人人有责。在发现公共设施破损或有隐患时，每个公民都有义务和责任向小区物业或社区反映，及时加以修缮，为自己、他人和社会环境增加安全保障。社会各级各部门也要有专属机构排查或提前防范各种可能会出现的安全风险，做到防微杜渐，防患于未然。

4. 安全意识——懂得自我防范，家人更安心

当宝宝离开大人的视线范围或保护区域时，遇到的情况可能会比较复杂，尤其需要提高警惕。

比监护宝宝更重要的是教他们学会自我保护，一旦遇到危险时，懂得如何自我防范。大人可以通过报纸、电视、网络等媒体搜集一些案例，教孩子在日常生活中提高自我防范意识。这样，当他们遇到社会上发生的各种不安全事件时，就知道应该如何处理。比如：

熟记自己的家庭住址、父母的手机号，以便在走失或急需联系时取得联系。遇到危险和意外时，也可以直接拨打 110 报警电话。

不贪小便宜，陌生人给的东西不能拿，更不要随意跟陌生人走。

学会逃生和自救的技巧，遇到火灾或者地震等意外情况，要快速远离或跑到开阔地带。

若干年以后，我们会发现：比"养"更重要的是"育"。只有懂得保护自己的宝宝，孩子才有可能飞得更高。

第五节　对抗疾病——提高宝宝的身体素质

宝宝一旦生病，大人就会着急、焦虑。其实，生病是宝宝的身体素质在升级。人类的平均生命周期为 75~90 年，只有通过不停地提高免疫力，才能让身体保持健康，而提高免疫力的形式之一就是生病。我们常听说有人从未生过病，但唯一的一次却生了大病，住进了医院，这说明"不生病"或许更容易让人忽视身体发出的信号，小病也是自我提示和"系统优化"。从某种意义上来讲，偶尔生病也并不一定就是坏事，没必要过分焦虑、紧张。

1. 身体支持——均衡的营养胜过营养品

当宝宝长出一对小乳牙、开始流口水时，就该给宝宝添加辅食了。添加辅食要循序渐进，切忌添加的辅食量不均匀。如果宝宝大便干燥，说明辅食要调整，要么辅食量偏大，要么蛋黄偏多。

针对不同月龄的宝宝，添加的辅食也不一样。

（1） 5~6 个月

在牛奶中添加一勺米粉，待宝宝适应后增加为两勺，过一到两周再加 1/8 个蛋黄，每周逐渐增加蛋黄量。

（2） 7~8 个月

可以给宝宝添加整个蛋黄，根据宝宝夜间睡眠状况，还可以适当增加胡萝卜、山药、芋头等菜泥或果泥。随着宝宝对辅食的需求增加，可以开始训练他用手抓白薯、山药、胡萝卜、香蕉段吃。

（3） 8~10 个月

可以给宝宝煮小面条吃，同时添加一些绿叶菜、小虾米、海苔或紫菜。宝宝 8 个半月大以后，可以给他添加虾肉、鱼肉、牛肉、猪肝等，将这些食材剁成肉末，蒸熟后给宝宝吃，并及时观察宝宝的皮肤和大便是否发生变化。如果宝宝适应得较好，那么可以适量进食小饼、小面包、小馒头、米饭等。

宝宝 10 个月大时，长出 4~8 颗牙了，可以给他煮小饺子吃。等到宝宝长出槽牙时，就可以吃几乎所有的食物了。

在宝宝上幼儿园之前，辅食要清淡，尽量少加盐，这样有助于宝宝的肝功能发育，为一生免疫打好基础。

关注"食育"教育，培养宝宝的"第一口"味觉，让宝宝对食物产生喜爱，有进食的乐趣。这个过程，离不开家人共同的引导。

▶ 姥姥的养育笔记

无论宝宝吃什么食材，我都在一旁先羡慕一番："哎呀！闻着就好香啊！"再假装咂吧咂吧嘴说："姥姥也馋了！这么美味的饭姥姥也想吃呀。"经过我这样一引逗，宝宝的食欲便会大开，吃什么都香了。

平时给宝宝读儿歌，我经常会读这首："小白兔，真可爱，爱吃萝卜爱吃菜；不挑食，不耍赖，聪明伶俐人人爱。"多给宝宝听这类的儿歌或故事，对于引导宝宝均衡饮食非常有效。

2. 免疫支持——接种疫苗，提高身体免疫力

宝宝出生 3~6 个月以后，来自母体的免疫力慢慢消失，自身的免疫系统到 6 岁时才会完善起来。这期间，是宝宝免疫力最脆弱的时候，接种疫苗可以帮助他们自造免疫力，抵抗和预防各种疾病的侵入。

大人可以把每一次接种的时间记在日历上，并提醒家人不要忘了及时带宝宝去接种疫苗。普遍的接种途径和方式有以下几种。

（1）皮下注射：麻疹疫苗、流脑疫苗、乙脑疫苗等制剂。

（2）肌肉注射：乙肝疫苗、百白破三联疫苗等制剂。

（3）口服法：糖丸及滴剂。

（4）皮肤划痕法：卡介苗、牛痘疫苗。

（5）喷雾吸入法：流行性腮腺炎活疫苗、流感活疫苗等制剂。

除了必须接种的国家防疫规定的免疫疫苗以外，还有一些非强制免疫的疫苗，可以自愿选择接种，请事先向当地卫生防疫部门咨询。

3. 家庭支持——宝宝生病时家人的有效护理措施

宝宝生病大多与积食有关，如果遇到流感，则极易感冒、发烧。建议家长多掌握一些儿童常见病的应对方法。除了遵医嘱，家庭的护理方法也很重要。

（1）饮食调理

感冒一般需要 7 天左右的恢复时间，饮食方面要以清淡、易消化的食物为主，多吃水果和蔬菜，以补充人体必需的维生素，忌食生冷食品。多喝水，以白开水为主。

风热感冒流黄鼻涕、鼻塞时，可以喝适量梨水或百合银耳汤来祛暑泻火，如果宝宝有积食现象，再加两枚山楂果。

风寒感冒可以给宝宝喝姜糖水，伴有咳嗽时喝川贝雪梨水。

（2）物理降温

宝宝发烧时，用热水浸烫毛巾，擦拭其腋下、腿弯、手心和脚心，间隔一会儿再擦拭一次。家里常备退热贴，将它贴在宝宝的脑门上给宝宝降温。

（3） 中药贴敷

贴肚脐：主要用于风热型感冒。取大葱 30 克，连翘 15 克，捣烂后装入纱布包，再放在肚脐处，待宝宝将要发汗时，给宝宝饮用温白开水，以助其发汗。

贴掌心：主要用于风寒型感冒。取薄荷、防风各 15 克捣烂，再取生姜 2 克捣成泥状，加入少许开水调匀，分装于两个长条小纱布包内，放在宝宝的掌心，最后用纱布缠好、固定，15~20 分钟后取下。

（4） 喷剂喷鼻

鼻塞和鼻炎，大多是空气干燥或鼻腔狭窄引起的，可以用"海盐水喷鼻剂"滋润和清洁鼻腔，既可以防止鼻塞，改善呼吸困难，又对改善鼻炎有一定的帮助。

多子女家庭中交叉感染是一种常见的现象，积食或上火的宝宝就是易感人群。如果几个宝宝前后相继生病，家人的担心和焦虑在所难免，心理压力和工作量也会剧增。条件允许时，最好对生病的宝宝进行适度的隔离，这样可以避免病菌的交叉感染，宝宝也可以有一个配合治疗的缓冲空间。

▶姥姥的悄悄话

养育孙辈多了几分提心吊胆。

和当初养育女儿不同，照看孙辈让我自己变得谨小慎微、提心吊胆。总想把孙辈带得更好，替女儿分忧。育儿路上总是小心翼翼的，不洗手不碰宝宝，不用嘴去尝宝宝喝的水和吃的饭菜；三个宝宝的水壶和奶瓶都分开使用，再累也要每天给宝宝洗澡；如果宝宝磕了碰了，就会很自责，会心疼地抱着宝宝先哭一会儿；宝宝生病了，会不断检讨自己哪些地方做得不妥；得知女儿第二天有事要外出，整宿都紧张得睡不着，生怕自己迟到未能及时接管。

想想自己为什么会这样提心吊胆地养育外孙（孙子）？或许是想让女儿放心，为女儿多分担一些责任；或许是经历过太多的生离死别，更懂得亲情的宝贵，想要把更多的疼爱奉献给下一代；或许是对科学育儿知识的学习，让我对自己有更高的要求，想要做得更好；或许，这些原因都有吧。

第四章

培养宝宝的生活习惯和生活能力

【晴天妈妈说】

很多朋友都告诉我，不能着急，等孩子长大就好了。殊不知，孩子的习惯和个性早在生命初期就被环境"影响"了。规律、秩序和自主，不是条条框框的约束，而是能给予宝宝更好的安全感和稳定感，更为宝宝日后入园和入学种下"自主"和"合作"的种子。

婴幼儿是这个世界上最柔弱无力的人群，只有依赖大人的呵护才能得以生存。养育人要用爱心和智慧帮助他们，让他们学会独立生存的技能和各种生活的能力。

第一节　自理能力

▼

1. 自己吃饭

为了让宝宝养成良好的饮食习惯，无论是正餐、加餐，还是水果、零食，只要是吃东西，都要让宝宝坐进小餐椅，让宝宝在 4 岁以内都不会在餐椅外吃东西。这样做的好处是：

(1) 建立固定位置用餐的概念。

(2) 不用到处追着宝宝喂饭。

(3) 宝宝太小，会乱洒饭菜，免去了大人到处收拾的麻烦。

(4) 吃正餐时可以和大人愉快地共同进餐。

(5) 大人可以掌握宝宝吃饭的进度。

宝宝小的时候，吃东西难免会洒在餐椅、地板上，有些老人担心洒得太多，到处都是脏兮兮的，难以收拾，便选择去喂宝宝，这样无形中会扼杀宝宝独立吃饭的能力。

▶ 姥姥的养育笔记

在宝宝吃东西前，我会给他们系上围嘴或罩衣，同时鼓励他们自己学着吃红薯、南瓜、小饼、小馒头等可以直接用手抓着吃的食物。粥、汤等流食最初由我来喂，等到他们能够自己端碗了，就让他们自己去掌握。虽然开始时宝宝会将流食洒在自己身上或脸上，但用不了几天，他们就会控制好手腕的平衡力度，不会再乱洒了。

每个宝宝都必须学习自己吃饭，大人必须明白，宝宝总有长大的一天，我们不可能喂他们一辈子。当宝宝出现独立吃饭的冲动时，会使出浑身解数来表达，比如跟你抢勺、哭闹，说话早的宝宝会一边抗拒喂饭一边说"不"。这时候就要尽早放手，让宝宝学习自己吃饭，这样既能满足他们的独立意识，又有助于其身心、智力的全面发展。

2. 自己喝水

宝宝 7 个月大时会玩小玩具了，大人可以给他买一个倒过来不滴水、用嘴可以吸到水的水壶，既可以当玩具玩，也可以让宝宝学着自己喝水。

夏天气温高时，宝宝排汗较多，需要增加饮水的次数和数量。要尽量多喝温水，少喝冰凉的冷饮。如果宝宝不爱喝水或者饮水有偏好，可以将水果洗净了煮成水来喝，也可以将水果榨汁或切碎来吃，同样能够补充宝宝所需的饮水量。

3. 自己看书

在未满月之前，大人可以给宝宝讲胎教时讲过的故事。随着宝宝视力的逐步发展，宝宝满月时就能翻看一些简单的卡片，2~3 个月时开始看连篇的卡片，4 个月时可以看幼儿画册，比如动物乐园、儿歌、唐诗、水果蔬菜、数字等。每天定时给宝宝看，每次看的时间可以慢慢增加，并且把每个字都指着讲给他听，让宝宝从小就养成爱阅读的习惯。

宝宝 6~7 个月大的时候，递给他一本书或杂志，只要示范一下怎么翻书，用不了几天宝宝就学会了。8 个多月的宝宝会伸出一只手去指书上的每个字，或者会趴在那里盯着图片看呀看，嘴里还"念念有词"。等到他能够坐直了，还会在小书架上找书看。

宝宝看书的时候，大人要守在一旁，严格监护，不能让宝宝吃书，并防止宝宝在家长注意不到的时候被噎着。

▶ 姥姥的养育笔记

小千出生后四十天起，我就开始和她一起阅读了。每本书对她来说都是一份精神营养大餐（我们家三个宝都是先会爬，后会坐，自己爬到小书架去找书看）。

小千 4 岁那年，我带她去少儿图书馆阅读，挑选了不少儿童绘本，我一边绘声绘色地读给她听，一边模仿各种角色的语言、表情和动作。小千听得津津有味，时而笑逐颜开，时而瞪大眼睛。

讲完故事后，我打开刚刚读过的一本绘本《妈妈下了一个蛋》，故意装作记不起来的样子问小千："这张图是什么意思啊？姥姥忘了。"小千得意地笑着说："宝宝种在花盆里呀！"我又问："这张图讲的是什么意思呢？"小千答："爸爸将种子放进妈妈的肚子。"我接着问："那这张又是什么意思？"小千答："这张讲的是宝宝在妈妈的肚子里发芽了。"这样一问一答，不知不知觉中小千就把一本书讲完了。

在宝宝面前适度示弱，给他们提供表现和展示自己的机会。把问题丢给宝宝，才能激发他们表达的欲望，让他们学会自己阅读、思考，乐于与你分享自己的看法，所有的记忆、理解、语言、想象力都会一股脑地呈现开来。

4. 学会整理

整理书架

每次宝宝阅读结束后，大人不要只顾着收拾整理，而是要一边整理一边告诉他：看完的书一定要收起来，放回原处。慢慢地再让宝宝帮忙一起收拾，教会他们怎样把书桌和书架收拾得整齐又干净。

学会收拾玩具

家里可以准备一些塑料整理箱用来收纳宝宝的玩具。每次宝宝玩过的玩具，大人和他们一起收拾和整理，可以告诉他们：玩具也有自己的家，回不到自己的家，玩具会很伤心的。把玩具送回它的家里，下次我们玩的时候才能方便地找到它们。加入同理心和"家人"的概念，宝宝也就更容易和大人一起合作了。

学会整理鞋柜

宝宝出门活动后，回家第一件事就是脱鞋，再把鞋放到鞋架上。进门时，大人可以演示一遍：一只手将两只鞋子的鞋帮中部可以相靠的部位捏住，轻轻提起来，放进鞋柜里，换上自己的拖鞋，然后将鞋柜里的鞋子摆放整齐，出门时大人再演示一遍：从鞋柜里取出出门要穿的鞋子，再把拖鞋放进鞋柜，摆放整齐。只要大人经常提醒和演示，宝宝自然就会养成习惯。

学会扫地和做家务

我们在家里要多给宝宝提供机会，用玩的方式引导宝宝做家务，让他们学着扫地、拖地、擦桌子。等他们"玩"会了，自己也形成了做家务的习惯。

▶ 姥姥的养育笔记

有一天，我在客厅打扫的时候，小万跟了进来，围在我身前身后，我只好一只胳膊抱着小万，另一只手扫地。小万很有兴趣地盯着我扫地的样子。我扫到小亿身边时，发现他的纸尿裤该换了，于是放下小万和笤帚去给小亿换尿片。小万在一旁拿起了笤帚，开始比划起扫地的动作来。我知道小万是觉得好奇，在模仿大人，就没管他。小亿换好尿片后看到小万在扫地，也迫不及待地去抢笤帚，一个不让，一个硬抢，争得不可开交。我一看这机会正好让他们学学扫地，于是又找出一把笤帚递给了小亿："比比看你们两个谁扫得干净啊！"这下两个小家伙都来了劲头，像模像样地玩起"扫地"来。

5. 学习走路

宝宝从做好充分的学步准备到真正会走路，需要大人不断地鼓励、跟进和陪伴，直到他们学会用自己的脚步去丈量整个世界。

（1）学步前的准备

在宝宝 11 个月大前，可以让他借助沙发或者凳子慢慢移步（不太推荐使用学步车）。

（2）迈开第一步

有些宝宝不知道自己已经会独立走路了，当他们专注于某个有趣的游戏，或者需要到某个地方拿取东西时，就会不自觉地走过去，这种情况往往会让大人吃惊不已："哇！这小家伙居然会走路了！"

更多的时候是在大人无数次的鼓励下，大人张开双臂站在宝宝前方两三米处，引导宝宝迈开第一步。当宝宝摇摇晃晃、跌跌撞撞地走过来，全家人都会欢欣鼓舞，觉得再没有比这更有意义的事情了。

（3）适应穿鞋

宝宝将近 12 个月大时，要让他在家里坚持穿着小鞋子走路，接受和适应穿鞋走路的感觉。

虽然市面上有很多种学步鞋，但有的宝宝脚后跟小，鞋子容易掉或者穿不上，可以在鞋子正后面鞋帮边缘缝上一根鞋带，系在脚腕前面。

（4） 到户外多走走

宝宝在家里学会走路以后，可以带他到外面多练习，满足宝宝自己走路的好奇心和好胜心。大人可以双手拉着宝宝，在长条椅或者小亭子的长凳边上学习走路，等宝宝熟练以后就可以只拉着他的一只小手走路了。

（5） 能走和会走

当宝宝摔倒了，大人不要立即去扶他，要鼓励他自己站起来，否则他每次摔倒都会大哭不止，直到大人把他扶起来。过分的担心会直接扼杀宝宝的自主能力和挑战能力。不过，学步期间的宝宝容易冒冒失失，乱冲乱撞，为了安全起见，大人一定要盯紧了。只有当宝宝不需要大人拉着也能走稳当时才算是会走路了。

6. 穿脱衣服

天冷的时候，宝宝出门要穿外套，进门要脱外套。大人可以一边帮他穿脱，一边告诉他穿脱衣服的方法和过程，慢慢地再鼓励他学习自己穿脱衣服。每天坚持，宝宝很快就能学会了。

夏天天热，人体出汗较多，需要经常换衣服。穿着较少时，换衣服比较方便，更便于宝宝自己穿衣服。宝宝每天都会感受到大人是如何帮他穿衣服的，一旦宝宝有了自主意识，想要自己穿衣服时，就要鼓励他们立刻行动和尝试，往往一次就能试穿成功。

7. 自己洗手

每次外出回家后、饭前便后都要提醒宝宝讲卫生、勤洗手。当宝宝可以自己动手的时候，就可以鼓励并教会他们自己洗手。

正确的洗手方法即洗手"八法"：

手心对着搓搓，手背对着搓搓。左手指缝搓搓，右手指缝搓搓。左手拇指搓搓，右手拇指搓搓。左手手腕搓搓，右手手腕搓搓。

▶ 姥姥的养育笔记

每次带宝宝外出回来后，我都会对他们说："我们在外面到处玩、到处摸，手上沾满了细菌，现在我们一起去卫生间洗手，把细菌冲掉好不好？手洗干净了，就可以吃东西了！"

我洗完了手，就会伸出手来说："来！把手伸出来，我们比一比看谁的手最干净。嗯，不错，都很干净！都是讲卫生的好宝宝。"每天重复几次，宝宝们就会养成习惯，照做不误了。

8. 如厕训练

（1） 选择如厕训练时期

如厕训练的最佳时期是在宝宝一岁半到两岁半之间。夏季训练最合适，因为宝宝穿着少，方便穿脱裤子。

（2） 宝宝排便的普遍规律

平时认真观察和总结宝宝的大小便规律，就可以及时地引导宝宝定时排便，比如：

○宝宝每天醒来后的第一件事就是把他抱到卫生间把尿或者让他坐在儿童马桶上大小便。

○宝宝喝水多时，排尿的次数就会偏多；喝水少时，排尿次数就相对少一点。

○阴雨天时宝宝出汗少，排便的次数多一些；晴天时宝宝排汗多，排便次数就会相对少一些。

○宝宝身体状况良好时，排便正常，生病时排便就会减少。

○宝宝活动量大时，排便增多；活动量小时，排便会相对减少。

○在游乐园玩耍时，宝宝经常会因为贪玩而忘记了排便，但会有一些排便的肢体信号，比如：突然愣神、抓裤子或者两条腿倒来倒去等。

（3） 正确对待宝宝的如厕训练

对宝宝来说，如厕训练就像他们学习走路一样，是一个相当复杂的行为过程，需要大人花费更多的心思和精力去帮助、提醒、鼓励和教导。

大多数宝宝上了幼儿园后，在老师和小伙伴们长期的监督和影响下，基本上都能够学会自己如厕。但也有个别宝宝会一直延续到上小学才学会，造成这样的原因有很多：或许是宝宝下课后贪玩忘记了；或许是老师偶尔拖堂耽误了时间；或许是因为饮水过多，没有勇气或不好意思跟老师说；或许是提前一年上了小学，自我控制能力弱于同龄人。这时的宝宝已经有了羞耻心，作为养育者，我们不要轻易地抱怨和打击他们"怎么又尿裤子了""尿裤子羞不羞啊"，这样会让宝宝认为尿裤子是一种非常丢人的行为，很容易对如厕产生心理阴影，更不利于如厕的训练。

我们要用积极的态度对待宝宝的如厕训练，同时也要正确面对练习过程中出现的各种不稳定性，偶尔的失控、暂时的退型、发生在意外时间和意外地点的大小便都是不可避免的，不要因为一时的失败而失望和沮丧。学会如厕是宝宝成长过程中一个很重要的标志和转折点，要容许他们犯错，他们才会从错误的经验中学习和成长。

当宝宝能够控制自己的大小便了，他就由一个"小动物"变成"小小人"了。

▶ 姥姥的养育笔记

- - - - - - - -

小千一岁半时，有一天上午我带她到公园游玩，与她一起玩的还有一个小姐姐。喝完水以后，小姐姐去公共卫生间了，我轻声地对小千说："你看，小姐姐自己尿尿呢，像小猫咪一样，哗哗啦，哗哗啦，千宝也学一个好不好？"小千就学着小姐姐的样子，乖乖地走到公共卫生间蹲下来自己小便了。从那以后，我就开始对小千进行如厕训练。

每次出门，我都带好备用的内裤、袜子或鞋子、湿纸巾、卫生纸和洗手液，再多带一套替换的衣服，以便一旦尿湿了能及时给宝宝更换，保持她的身体干爽。

回想起来，小千的如厕训练也不是一帆风顺的，常常会有抵触和拒绝。有时我让她蹲下小便时一点没尿，站起来不到两分钟，就尿在裤子里了，连鞋带和袜子都湿了，真是让我好气又好笑。不过，就像学习走路一样，不摔跤学不会走路，不尿裤子也就学不会如厕。

如果小千一整天都没有尿湿裤子，我就会夸她："今天表现得真棒！小千没尿湿裤子，妈妈知道了该多高兴呀！"正面肯定宝宝的努力是鼓励也是一种动力，能帮助宝宝尽早地学会如厕。很快，小千就学会了自己如厕，还得意地对我说："姥姥，我再也不会尿裤子了。"

第二节　合作能力

▼

1. 接受手足

二胎政策的实施，让更多的宝宝能够有机会去接受和珍惜兄弟姐妹之间的手足情。

当弟弟（妹妹）还在妈妈肚子里的时候，就要告诉大宝宝：除了爸爸妈妈以外，弟弟（妹妹）就是你最亲的家人和伙伴，他们会和你一起玩、一起长大。让大宝宝从心里接受并且爱上自己的弟弟（妹妹），也会自然而然地做好哥哥（姐姐）该做的事情：陪弟弟（妹妹）玩耍、做游戏、讲故事等，无形之中就能替大人分担一些看护和照顾弟妹的责任。

手足之间相互挤对、争抢、打闹是在所难免的，但他们之间相互激励、相互关心、相互帮助和学习也是一种常态。此外，手足之间还可以相互制约和影响，比如通过哥哥（姐姐）去管理弟弟（妹妹）往往比大人直接去管理更有效，大人可以在教会哥哥（姐姐）一些规则意识的同时，给予其一定的"权力"，让他们帮忙管理弟弟（妹妹），弟弟（妹妹）往往都会心甘情愿地执行和配合。

而身为老大的哥哥或姐姐，在教弟弟或妹妹的同时，对自己的所学也是一次极好的巩固和提升，尤其是语言表达能力、管理能力、自我创造能力等，这些都是独生子女家庭无法给予的学习内容。

2. 与人相处

宝宝与人最初的交往便是与家人之间的互动，随着年龄的增长和能力的提升，他开始与周围的人有更多的接触，需要逐步地学习怎样与他人相处和交流。

（1） 学会用肢体动作来表达

宝宝咿呀学语时，词汇量不够，会通过肢体动作来表达他想要什么或想要做什么，大人可以逐步地教他们一些肢体语言的表达方式。

宝宝 9 个月大时，教他学会挥手，表示"再见"；被别人赞美时，双手相抱，表示"谢谢"。

宝宝 10~11 个月大时，教他学会用手指指出某个人、某件物品或某个方向、位置等。

宝宝一周岁时，告诉他将食指竖起来就是"1"，表示自己 1 岁了。

（2） 学会礼貌用语

遇到相识或不相识的人都要讲礼貌，养成见面说"你好"、离开说"再见"的好习惯。

接受别人帮助和馈赠时要说"谢谢"，包括家人在内；当别人说"谢谢"时，可以回应"不客气"或"不用谢"。

无意间伤害到别人时，要马上说"对不起"；面对别人的道歉时，可以回应"没关系"。

（3）学会尊重别人

○ 不抢别人的玩具和食物

宝宝在 5 岁之前都很自我，认为所有的东西都是"我的"，和小朋友一起玩时总会抢别人的玩具。大人在这个时候做出正确的引导很关键，比如告诉宝宝："这是哥哥的小汽车，你想玩就要征求人家的意见，你可以问问哥哥，我想玩你的汽车可以吗？如果哥哥同意，你就能玩了。如果不行，说明哥哥还没有玩够呢，等他过会儿不玩了我们再问。如果几个小朋友都想玩，我们就排队等一等，好吗？"每次出现宝宝抢东西的现象都要不厌其烦地耐心引导，直到他养成习惯为止。

不要认为已经跟他说过 100 次了，他怎么还不听话呢？宝宝的特点就是会不断地在规则和破坏之间转换，只有反复地提醒和引导，才能慢慢帮他们建立自觉遵守规则的意识。这是一个漫长的过程，而抱怨和指责只能加重宝宝的这一行为。

○ 不翻别人的包

宝宝好奇心重，对于别人的包也很感兴趣，时不时地就想打开来看看，我们千万不要训斥他们，而应该把这当作教育和引导的好机会。

▶ **姥姥的养育笔记**

发现宝宝喜欢翻包以后，我没有批评他，而是把宝宝的包拿过来，当着他的面问："我们的包里有很多玩具和宝贝，如果别的小朋友随便翻看，把宝贝弄乱、弄丢了，可以吗？"

"当然不可以！"宝宝一边摇头一边把他的包抢了过去，抱得紧紧的。

我接着问："你这就不开心啦？那我们随便动别人的包包，别人会高兴吗？"宝宝想了想，摇了摇头。

我马上接着问："那我们也不碰别人的东西啦，好吗？"

宝宝爽快地点了点头："好！"

（4） 分享食物和玩具

分享能给宝宝带来更多的快乐和满足感。比如，和小朋友们分享食物，就能尝到更多口味的美食；分享玩具，就能玩到更多的玩具。

乐于分享的宝宝不会有孤独感，更愿意和他人相处，还能从别的小朋友身上学到东西。慢慢地，他就会主动向往去有更多小朋友的幼儿园了。

（5） 学会惦记朋友

遇到雾霾或雨雪天气，宝宝不能到外面玩时，可以约常在一起玩的小朋友来家里玩，也可以带宝宝到小朋友家里去，一来一往中，就会让宝宝加深对朋友的感情和记忆。

要不断地确认朋友的重要性，帮助宝宝建立纯真的友谊。当宝宝心里装下朋友以后，会更乐意出去玩，心态也会变得更加阳光。这对于他们今后进入社会，建立良好的社会关系有很重要的意义。

（6） 积极参与各种游戏

爱玩是宝宝与生俱来的天性，宝宝可以选择的游戏种类更是五花八门，各种户外、益智、手工、运动等游戏都是宝宝们的最爱。多让宝宝参加一些集体游戏，不但可以释放他们的天性，对于宝宝各项能力的发展也有着极大的帮助。

（7） 愿意上幼儿园

幼儿园作为学前教育机构，能对幼儿进行集中保育和教育。建议家长们尽早送宝宝入园，可以让他们更早地接触和体验集体生活。怎样遵守纪律，怎样和小朋友相处等，幼儿园老师都会事无巨细地教给他们。在学习知识和技能的同时，还能塑造良好的人格和品质，让宝宝变得性情开朗、积极向上、善于表达、团结友爱、生活自立。

在宝宝上幼儿园之前，我们不妨多带他们去幼儿园附近玩，从外面先感受一下园内的热闹气氛，向他们描述幼儿园里有多好玩、多有趣，让宝宝对幼儿园的生活充满向往和期待，更有利于顺利地入园。

3. 学会守时

　　时间概念也是需要从小培养的，大人要坚持原则，让宝宝学会守时：遵守约定的时间，按时吃饭、睡觉和玩耍等。我们可以准备计时器、闹钟等物品，和宝宝定好时间，千万不要跟着他们一起拖延。

4. 爱的表达

　　大人对宝宝所说的每一句关心的话语，每一个体谅的动作，每一个疼爱的表情，都会对他们产生潜移默化的影响。宝宝通过模仿、尝试、体会和感悟，就会形成记忆和习惯，从而学会用爱去表达内心。而养育者恰当的提示会起到有效的助推作用，尤其是对于性格比较内向的宝宝。

　　没有绝对内向的宝宝，通过积极的互动和交流，完全可以将一个不善言辞的宝宝培养成一个热情、活泼、开朗的宝宝。宝宝一旦发现自己的努力是有效的，就会知道可以通过努力获得成功。

　　▶ 姥姥的养育笔记

- - - - - - - - - - - - - -

　　小千7个月的时候就学会了说再见，每次爸爸妈妈出门时，她都会不舍地挥手再见，等他们下班回来了又会迎上去抱抱和亲亲。

　　等到小千学会穿脱衣服以后，迎接爸爸妈妈时都会接下他们手中的包，从鞋柜里找出要换的拖鞋，再把他们换下的鞋子一一摆放在鞋柜里。做完这些，她就会高高地跳起来，表达对爸爸妈妈回家的喜悦。

　　每次我去幼儿园接小千的时候，一定会问老师她今天的表现如何，表现好的地方自然要及时地夸赞和鼓励；对于表现不太好的地方，可以忽略的一定要忽略，需要纠正的地方也不会马上批评她，我会在回家之后，通过讲故事或者画画的方式提醒她纠正和改进。

5.情绪控制和表达

　　宝宝的行为背后往往是难以控制的情绪和表达，这些都是宝宝的发育特点，需要家长来帮助宝宝控制和约束。虽然偶尔的控制并不能彻底地约束宝宝，但是坚持不懈的努力，假以时日，他们一定会真正做到情绪的自我约束和控制。

▶ 娓娓的养育笔记

　　自从有了小万和小亿之后，我陪伴小千的时间、精力就少多了。为了弥补被两个弟弟"瓜分"的爱，我会给姐姐更多的"特权"，比如，让她担任图书管理员，并让她拥有自己单独的场地、小书桌和玩具整理箱，有好吃的东西我们会交给小千来作为队长分发给弟弟们。

　　小万和小亿经常会"侵犯"她的领地，把小千的整理箱里的玩具拿出来"欣赏"一番，有时还把她的玩具私自拿到围栏里面玩。小千从幼儿园回家后看到自己的东西被挪位了，就会冲进围栏，伸出小拳头做出要打弟弟的姿势。

　　我马上拦住了小千："用嘴巴说，不用拳头，告诉弟弟你生气了，小千很会表达的，试试看。"

　　小千于是收回了拳头，说："姐姐生气了，我没同意，你们不能拿我的东西！"

　　两个弟弟想了想，问道："姐姐，我们可以玩玩你的玩具吗？"

　　小千这才答应："好吧，下次一定先问问姐姐。"当宝宝知道自己的东西还是属于自己的，就会更乐于分享。

　　从此以后，当小千再见到弟弟们动用她的东西时，也不再挥起拳头，而是生气地说："姐姐生气了，问问我！"

　　小千还会使用一些奖罚措施，如果弟弟们听话，就会有小奖励，不听"指挥"时，就会受到小惩罚。姐姐奖惩分明的管理办法让弟弟们变得听话多了，更愿意用语言来沟通。

　　当宝宝学会了用生气来控制情绪，用奖惩方式来化解情绪时，生气的拳头就会化作爱的棉花糖了。

▶姥姥的悄悄话

很多人都不记得自己小时候的事情了，当我有幸陪伴下一代的成长时，会觉得很多东西似曾经历过。育人先育己，从三个宝宝身上，我看到了自己幼时缺失的东西，学会了感受和管理自己的情绪，从而开始了真正的自我教育。

小时候的我们，父母忙于生计，全凭传统的经验来养育我们。如今的我与时俱进地学习到这么多科学育儿知识，要庆幸有三个外孙（女）的陪伴，填补了自己曾经的空白。老家的亲戚朋友们见到我，都会感叹我的变化，说我变得豁达了，也比过去的我更谦卑、随和、大方得体、思维敏捷，这些都是养育三个宝宝带给我的切身的改变。

有人会觉得帮儿女养育下一代是出于一种责任或是为了完成任务，也有人感到这是一种负担甚至是煎熬。其实，只要用心去感受和体悟每一个过程和细节，就会乐在其中了。

在学校里，老师教授我们学习文化知识和做人做事的道理，但是心理发展和自我成长的内容，比如行为、习惯、认知、情绪等，是需要从家庭生活中培养和发展的。在我成长的那个年代，很少像今天的宝宝一样在被爱包围的同时还能够得到足够的尊重和支持。在羡慕三个宝宝的同时，我也为自己有一个重新学习和自我成长的机会而感到幸福。

第五章

隔代养育的利与弊

【晴天妈妈说】

有孩子的地方就存在隔代养育的选择。比选与不选更重要的是新生家庭能否在享受隔代养育优势的同时，接纳和消化隔代养育潜在的冲突和消耗。要减少家庭中的冲突和消耗，就需要我们更多地审视每个人的优势，为家庭中的每个成员鼓掌。

有关隔代养育的评判一直众说纷纭。作为祖辈，我不主张女儿自己全职带宝宝。年轻人精力充沛，可以给宝宝最纯洁的母爱，但一个心浮气躁、缺乏耐心、韧性和经验的年轻妈妈，很难几年如一日地把宝宝照顾好。她的情绪变化会影响宝宝的发育，高兴时，或许会对宝宝很在意；烦躁时，还有可能打骂宝宝。现在的年轻妈妈大多数是独生子女，是被父母宠大的，很少能吃得了这种失去自由的苦头，一心一意地照顾、陪伴自己的宝宝。当然，一定有愿意这样付出的妈妈。作为长辈不要对新手妈妈有过高的要求，新手妈妈自我成长的道路很长，并且充满了阻碍。

第一节　隔代养育的优势

▼

只要精力允许，绝大部分老人都会愿意帮助自己的子女养育孙辈，隔代养育作为一种很普遍的社会现象，有着其不可替代的优势。

1. 终身学习，和孙辈一起成长

很多已退休的高知人群，几十年忙碌于职场，突然过上闲适的养老生活，自我价值感瞬间下降，倍感失落，所以中老年阶段也是抑郁症和焦虑症的高发期。

于是老人们渴望着含饴弄孙，收获子孙承欢膝下的幸福，也时刻期待着儿女的召唤。社会的发展让他们明白科学育儿的重要性，除了经常关注一些有利于隔代子女健康成长的信息和书籍以外，还会参与各种学习分享活动以及教育机构的课程。终身学习早已成为他们的习惯，养育孙辈也成为他们再次实现自我价值的"出口"，只为了能够让隔代子女赢在起跑线上。

2 坚实后盾，为年轻人提供保障

在竞争激烈的社会环境下，年轻人都愿意经由自己的事业获得经济上丰厚的回报，并体现自我价值。一旦有了宝宝，自然在时间、精力和经验方面不容易兼顾工作与家庭，而全职带宝宝意味着他们将要与社会脱轨很长一段时间。这个时候，祖辈的援手不但可以解决他们的实际困难，还能够保障他们持续、不间断的职业生涯，成为子女家庭、事业最坚强的后盾。

另外，年轻人的收入有限，养育宝宝的费用支出对家庭的生活水平和生活质量会有很大的影响。隔代养育可以缓解他们的经济和生活压力，更有助于家庭的和睦和稳定。

3. 心理优势，做育儿合伙人

老一辈人经历过相对更完整的人生，从接受儿女读大学到结婚成家的分离，到接受自己从打拼了几十年的职场告别，渐渐地学会了一种"放得下"的智慧，学会了去除"分别心"和"执念"，能够淡定而从容地看待晚年与世无争的生活，同时渐渐地滋生出"返老还童"的特质，这份"童心"更容易和隔代的宝宝互动和交流。所以，从心理学的角度讲，老人是天然的育儿伙伴。

4. 经验资源，过来人走过的路

无论从含辛茹苦地养大儿女的角度，还是从对生命更加珍惜的角度，与年轻的父母相比，祖辈们都是"过来人"。他们拥有丰富的育儿经验，遇到一些事情知道如何从容处理，并且有足够的时间和耐心照顾好宝宝。

祖辈们从容淡定地照顾他们的孙辈，他们远离故土，带着一生的睿智和慈爱养育他们的孙辈。

5. 情感财富，老人可能更适合带宝宝

在社会环境更加复杂和多元的当下，将宝宝交给老人带，老人心甘情愿地付出，比任何保姆、育儿机构都会更用心，也更让年轻父母放心。

双方祖辈的帮忙，也能够让宝宝体验自己父母成长的过往，长大以后会更多地理解父母。爸爸之所以是爸爸的样子，是源自爷爷、奶奶独特的养育方式；妈妈之所以是妈妈的状态，也是因为姥姥、姥爷不一样的养育方法。

第二节　隔代养育的劣势

▼

　　尽管隔代养育具备很多优势，但如果脱离父母，完全由祖辈养育孙辈也是不可取的。谁都无法消除宝宝与父母分离的焦虑，谁也无法取代亲生父母与孩子的骨肉亲情。

1. 叛逆与分裂——分离的代价

　　宝宝离开父母，完全由祖辈代养，会出现与父母的情感分离，失去对父母的依恋，导致宝宝的安全感被击垮，自尊心受到重创，这种伤痛会沉淀在宝宝的潜意识中。没有父母高质量的陪伴，宝宝的内心极易叛逆和分裂，性格也会受到影响，结果可能会带来一生的坎坷心路。

2. 是非观混乱——溺爱的结果

　　离开父母的宝宝大多会因为分离而产生焦虑和孤独感。有的老人观念陈旧，思维方式和生活方式并没有与时俱进，只会过分地溺爱孙辈，而溺爱的背后就是没有原则的满足和让步，这会让宝宝分不清楚是非和对错，往往会把错的当作对的。当某一天宝宝回到父母身边重建是非观时，就会无所适从，很难适应。

3. 无礼与坏毛病——纵容的后果

正是缘于对孙辈的溺爱，老人的原则也会"失效"。宝宝在祖辈的溺爱下，容易惯出以自我为中心的坏毛病，尤其在叛逆期，会经常表现出无礼和使性子。老人不知道如何引导，往往会让坏毛病愈发严重。

即便是像我这样有一定教育经验的老人，因为隔辈亲的关系，在规矩面前也有过动摇和妥协，以至于经常会违背最初制定好的原则。

4. 卫生习惯差——城乡间的差异

有的老人生活在小城镇或者农村，与大城市相比，他们固有的生活环境缺少专门的婴幼儿活动场所，也没有给宝宝每天洗澡和游泳的环境，日常生活中没有太多的讲究。宝宝大便以后，老人用卫生纸一擦就算完事，不会给宝宝在便后清洗屁股；宝宝不洗手就吃饭，每天在外面玩回来不洗澡就睡觉，都是老人带孩子经常出现的现象。

5. 易生病——盲目饮食的伤害

老人喂养宝宝大多依靠个人喜好，既不懂得所谓的"膳食金字塔"，又不知道怎样进行科学的营养配比，就连控制宝宝的食盐摄入量也很难做到。很多老人都会将自认为好吃的东西、好喝的饮料都喂给宝宝，盲目饮食的结果就是造成宝宝三天两头生病，这在无形中也会造成宝宝体质的下降。

6. 教养缺失——棒打的遗憾

老人精力有限，子女买回来的儿童绘本，他们无法做到每天都读给宝宝听，加上每天操持家务再照顾宝宝，身体状况不允许他们做得更多。面对宝宝的任性，有些老人会依据经验，认为"才"要么是天生的，要么是棒打出来的，不打就成不了"才"。而采取棍棒教育的结果，只会使宝宝更加难以管束，教养缺失。

7. 安全隐患——无力撑起的荒漠

儿女们生活在大城市，居住小区和周围环境安全系数相对较高。如果老人居住的条件较差，周围环境安全保障有欠缺的话，这对宝宝来说会在无形中增加不少安全隐患。

无论宝宝出现什么样的闪失，这份责任和风险都是祖辈承担不起的。近几年有不少儿童安全事故的背后都是因为父母的缺席和情感的忽略所造成的，我们不能一味地指责帮忙看护宝宝的老人，而是要痛定思痛，认真去思考造成这些安全问题的根源所在。

第三节　隔代养育的注意事项

▼

1. 要和儿女们在一起共同养育，莫代养

宝宝们需要每天能见到他们的爸爸妈妈，母乳期要母乳喂养，每晚要和他们的父母在一起。宝宝三岁以内不能离开父母的视线。

让宝宝和他们的父母分开，这样既不利于宝宝的身心健康，又不利于与爸爸妈妈的情感交融。一旦让宝宝与他们的父母分开，最大的危机是：父母对宝宝的敏感度、回应性、积极的关注度会大打折扣，不利于无间隙的亲子关系的建立。宝宝对父母的依恋度也会降低，对他们未来心理的健康发展也会有极大的影响。我们要养育的是"青出于蓝而胜于蓝"的又一代，而不是父母的简单翻版。**这一代独生子女身上携带了太多时代的痕迹，许多亲子关系的断层、缝隙、遗憾终其一生都无法弥补。**

在父母守护下长大的宝宝，更易建立亲子依恋和安全感，这对孩子健康的社会功能和情绪发展同样至关重要。正所谓万丈高楼平地起，地基夯实自挺拔。

2. 对儿女的教养理念要无条件服从。不要越俎代庖，自作主张

儿女是宝宝的父母，宝宝的事情他们有"特权"说了算。对于做祖辈的，请谨记我们是配角。

三代人在做事和做决定时要保持一个步调。他们的爸爸妈妈指向哪里，我们就打向哪里。

我们这个年龄正逐渐步入老年，我们内心的修为，让我们进入了一个凡事都能看得开的境界。儿女们正当年，奔波在职场上，他们的观点、处事方法、思维模式无不顺应着时代发展的脚步，他们心中无不充满了勇往直前的勇气和朝气。我们这一辈人渐渐学会了"臣服"，去适应他们的想法和观念。而**今天的"臣服"既是我们养育下一代最明智的选择，也是未来儿女们为人祖父母时最好的模版。**

3. 心悦诚服地去享受三代人在一起的时光（三代共荣）

要珍惜一家人在一起的时光，老人肯定儿女们的担当，儿女们感恩父母的付出。有一句很经典的话——相由心生：儿女们在外打拼，家里有父母们抚育出那么好的宝宝，他们会开心地去做他们的事情，也一定能够做得更好。你会发现他们越来越帅，越来越漂亮，因为他们的生活和事业都在蒸蒸日上。

爱是世界上最伟大的力量。爱可以消融一切。

事情做得不好，不是你的能力不够，而是你不够爱它，不会爱它。

4. 分工协作齐心合力 不能有一丁点的计较

　　奶奶做奶奶的事，姥姥做姥姥的事，其他家庭成员也一样，一切都按部就班地去执行。但是，当阿姨休假了，姥姥回老家了，奶奶一定会让一家老小安然无恙。奶奶出差了，奶奶的娘家有事了，奶奶住院了，阿姨休息了，姥姥也会毫不犹豫地担当起照顾三个宝宝的一切事务。**没有任何事情能比我们家的三个宝宝的幸福和健康更重要。**

▶姥姥的悄悄话

有时候我也会不由自主地宠宝宝

小千从两岁半开始，每周五晚上都可以去我的住处和我一起睡觉。我会准备好小千的用品：睡衣、小拖鞋、沐浴露、小被子等，再去超市买些她喜欢吃的食物和玩的东西。

小千每次来到我的住处都会格外兴奋，把这里当成了她一个人的天地。我也会不由自主地惯着她，比如，她都会比平时晚睡一个小时；家里的食物、玩具她可以每样都"打扫一遍"；夏天的时候，我还会带她到小广场"疯"一会儿；和她提前说好睡前喝一袋牛奶、早起喝一袋牛奶，结果她一进门就都喝光了……

等到了周六，小千回到女儿身边，心还没有收住，总会多了一些无理取闹和任性。为此，女儿不止一次提醒我别太惯着小千了。其实我自己也能感觉到对小千会不自觉地溺爱，尽管每次我都会教小千应该怎样做才会变得更好，她的进步也很明显，但还是免不了会有一些被我惯出来的小毛病。

有一次小千放假，我征求女儿的意见，想带她回老家住一段时间。

女儿当场就拒绝了："我没时间陪你们一起回去，你单独带小千会宠坏她的。"我争辩道："你不也是妈妈带大的吗？也没被宠坏呀！"女儿语重心长地回应道："我是你的女儿，小千是你的外孙女，隔辈亲和亲子亲是不一样的，当姥姥和当妈妈的心态绝对不是一码事。"我只好不再提带宝宝单独回老家的事，整整四年半的时间，我真的没带她独自回过一次老家。

第六章

家庭关系和生态系统

【晴天妈妈说】

家是留下温暖和传递爱最多的地方。长辈爱下一代，下一代再把爱传递下去，生生不息。这不仅是动物世界的繁衍，也是人类社会根基最牢固的关系。

家庭作为一个整体，也是一个生态系统，其中每个成员都是家庭的受益者、参与者，也是贡献者和影响者。如何放大系统的优势，减少损耗和摩擦？家庭中每个老人、每对夫妻、每对手足、每个孩子都有自己的答案。

我们人类的祖先历经母系氏族社会和父系氏族社会的过渡和转化，才有了家庭的出现。如今，家庭养育已经成为每个人从婴儿到成年赖以生存的主要方式。

那么，每个个体是如何依赖家庭和环境得以成长，并拥有自己独立且具有适应能力的人生呢？

第一节　从家庭追溯原生家庭

▼

每个人都有家，父母的家就是自己的原生家庭，当我们成年后会组织自己的新家庭，这个新生家庭就会成为下一代子女的原生家庭。可以说，我们祖祖辈辈所有的养育都来源于原生家庭的影响和传承。

1. 人类交流的双重心智

世界级催眠大师、美国斯福坦大学博士、美国催眠界终身成就奖获得者斯蒂芬·吉利根博士认为，在亲子教育方面，人类具有两重心智。第一重是情绪心智，它存在于我们的体内，是儿童认识世界的方法，也叫作儿童心智；第二重是语言心智，它存在于我们的头脑中，在家庭的交流当中，它所扮演的角色是父母的心智。

孩子的特点是只有情绪心智，而身心健康的成年人，只有让自己内在的情绪心智和语言心智处于和谐的状态，才能很好地面对和处理孩子的情绪心智，营造正向的亲子关系。

2 大人的情绪心智回到了童年

大人的情绪心智有时会处于正向的状态，有时会处于负向的状态。正向的状态是一个流动的身心状态，而负向的状态通常意味着能量处于"锁定"的状态，既不容易感觉到自己，又很难感觉到孩子。

当大人和孩子的关系"卡住"时，意味着大人的情绪处于"锁定"状态。在这种状态下，大人会产生困惑、不开心等负面的情绪，语言心智的表达也会变得消极，充满了批评性，往往会对孩子生气、愤怒，惩罚孩子，给孩子身心造成一系列的困扰和伤害，那么孩子的感觉就是一塌糊涂。

这其实根本不是孩子的问题，而是我们内在的情绪心智的问题，是由于孩子外在的一个反应触发了大人记忆多年的一种情绪。事实上，就是家长自己在小时候经历过的一些问题囤积在心里，一旦被触发，就会唤醒那个时期潜意识的创伤和记忆，自然而然就会带来并造成不好的后果。

3. 代代相传的"情绪基因"

相信很多人都有一个本能的想法，他们自认为绝不会把父母给自己带来的消极负面的影响再传递给自己的孩子。但你很快就会发现，自己也成为了父母的样子，这就是容易代代相传的"情绪基因"。

当大人和孩子的关系出现问题的时候，通常就是一个负面的信息封闭在我们的身体层面、意识层面以及心理层面。如果这种内在的封闭没有被打破，那么这种负面的情绪就会一直存在，并且将无意识地传递给自己的孩子，甚至下一代，并且继续传递下去。

4. 与"头脑心智"的连结

亲子教育的核心关键点不在孩子，而是遇到问题时大人先要自省，把自身的情绪状态调整好。当自身的情绪状态较好的时候，我们的亲子关系就会非常和谐。

所以，当我们的亲子关系出现问题时，先要"解锁"自己的情绪心智，进行自我疗愈，才能够与"语言心智"相联结，才能没有任何心结地面对我们的孩子。

5. 自我疗愈七步法

（1）保持坐立或站立的姿势，让我们的脊柱处于一个端正的状态，然后放松和安静下来。

（2）深呼吸，先慢慢地吸气，感受这股气通过脊椎一直到达我们的头顶，与天相连。当我们吸气，上达至头顶之后，可以想象在头顶的上方有蓝天、瀑布，或者我们祖先的能量，从天上慢慢地向下运行，一直连接到大地。

这样的呼吸动作每天做两次，每次两分钟。练习之后会感觉内心非常地平静、舒服，同时也能保持在一个临在的状态。

（3）当我们的身心都放松下来，能够用气息连接天地的能量时，再把手放在心口，去连结我们的心智。

（4）当我们的手触碰到心脏部位的时候，对自己说，我看见你了，我感觉到你了，我接受你，我爱你……这样做是为了将我们的情绪心智调节到一个最佳的状态，同时唤醒我们内在无法被伤害的一个完整的、更深层的意识状态。

（5）带着一份正向的自我连接，去好好地看待自己的孩子，这时候看到的并不是孩子的问题和所做的事，而是聚焦在孩子内心深处一个完整的、美好的存在，从那个地方真正地去接纳和爱孩子。

（6）一开始做的时候也许并不容易，但如果每天能坚持做 20~30 分钟，慢慢地你就会发现那些愤怒、痛苦和恐惧的情绪渐渐地消散了。

（7）当我们能与积极的情绪心智产生连接的时候，再回过头去看待孩子，你会发现你的整个视角都会发生变化，亲子关系也会发生一系列积极的改变。

第二节 生态系统——巢

▼

美国心理学家尤里·布朗芬布伦纳曾提出过一种生态系统理论，他认为，自然生态是"一组嵌套结构，每一个嵌套在下一个中，就像俄罗斯套娃一样"。

每个人一出生便具有一个独有的生态系统——巢，而每个孩子都处在一个庞大的生态系统里，无论身处何处，都会带着自己独有的生态系统。

1. 生态系统中的微系统

对大多数婴儿来说，家庭就是他们的微系统。随着婴儿的不断成长，活动范围不断扩大，幼儿园、学校、同伴关系等不断地被纳入婴幼儿的小环境中，此时，学校就是除了家庭以外对孩子影响最大的微系统。

与孩子直接关联的中间环境就是爸爸妈妈、兄弟姐妹、幼儿园、邻里玩耍区。而姥姥姥爷和爷爷奶奶的大家庭、父母的工作环境、社区保健服务等都是他们的外环境系统。

孝子的养育责任主要由家庭承担，家庭教育在孩子个体的发展中发挥着最重要的作用。只有微系统之间有较强的积极联系，发展才可能实现最优化，否则会产生消极的后果。

2. 流动着的生态系统

家庭及其生态系统是不断发展变化的，随着宝宝一天天长大，活动空间的逐渐拓展，宝宝的生态系统也会发生变化。

1~3 个月，宝宝的生态系统以家庭为主。

4~6 个月，宝宝的生态系统扩展到了居住小区。

7~12 个月，宝宝的生态系统外延到整个社区。

1~3 岁，宝宝的生态系统延伸至市区周边以及全国各地，甚至国外。

3 岁以上，宝宝的生态系统延伸至幼儿园和各种技能训练机构等。

6 岁以后，从小学到中学毕业，孩子会有较长时间的学校学习生活，并伴随着家庭搬迁、孩子转学等情况发生。家庭成员基本上是稳定的，但其他有关环境中的一切都有可能在变化。

随着孩子越来越独立，在母亲对孩子的影响减少的同时，父亲会给予孩子更多的支持、关爱和影响。家庭和社会以及学校和老师都会给予孩子相应的教育和关怀。

就家庭而言，生态系统伴随着孩子的成长在扩展延伸，而家庭生态系统也会不断地调整。无论孩子走到哪里、身在何处，这个系统都会跟随着，并且随时处于应接状态。

所以说，孩子的生态系统就是一个流动着的家庭生态系统，而孩子的成长就是一个流动中的传承和壮大。

3. 交互作用的生态系统

我们每个人的个体和环境之间都是相互影响并交互作用的。对孩子来说，起主宰作用的基因直接决定他们的一切，而他们的所有行为对周围的人、事、物（家庭、邻里、社区、学校）都会产生作用。

孩子的大脑就像一台高速运转的机器，周围的因素只要进入孩子的视线，被他们的大脑捕捉到，就会直接或间接影响孩子的行为。一旦某些行为形成习惯，就会对基因控制造成一定的影响或改变，让孩子接下来的行为得以超越基因控制的改变，再用修正后的行为继续接受周遭环境的双向影响和交互作用。这就是基因和环境"来往"的循环过程，也是一个相互影响和交互作用的过程。

我们会发现：

（1）生态系统中个体和环境之间所有的关系都是双向的、动力性的、变化的。

（2）个体是可以选择和修正的，让孩子可以在环境中独具自己的个性。

（3）在"天性 + 教养"的交互作用下，不同的养育方式可以养育出不同的个性，即使是同一种养育方式，面对两个不同天性的个体，也会出现不同的结果。

4. 生态系统协同运作的最终目的

我们整个生态系统协同运作的最终目的是培育孩子的心灵，而心灵的收获只能从孩子的身体来解读。

只有父母、祖辈以及环境中的人、事、物对孩子进行积极的引导和影响，才能让他们向着自己想要的方式和结果去发展。同时，我们也会受到来自孩子对我们的影响，并且做出相应的改变，所以交互作用的结果就是父母与子女双方共同的收获。

无论用什么样的方式养育孩子，最终的目的就是帮助孩子成为他自己，让他们能够建立自尊，获得成就感，更好地融入大环境，与自己的生态系统实现相互滋养。

5. 共同打造良好的家庭生态系统

家庭生态系统最坚实的基石就是三代共融：祖辈之间和睦相处，父母之间相敬如宾，手足之间相互关爱，三代人之间都能互相给予最有力的帮助和支持。

在真实的家庭生活中，各种关系都在相互影响和被影响着。祖辈和睦、父母相爱，家庭就会和睦，温馨的家庭氛围是宝宝建立安全感和依恋关系的首要条件，宝宝也会因此更加豁达、包容、大气、独立和自信；父母恩爱有加，就会体谅老人，也会使祖辈对自己的教养方式更有信心，隔代养育的状态就会变得游刃有余；而宝宝的健康成长也有助于父母之间关系的进一步发展，更能促进家庭生态系统的良性循环。

家庭和其他别的关系一样，会"一荣俱荣，一损俱损"。虽然我们对自己的原生家庭环境无法选择，但可以为宝宝营造一个足够好的原生家庭环境，给他们的成长提供最有力的情感和心理支持，让家庭生态关系形成良性循环。等宝宝长大之后，他可以自豪地告诉所有人："我需要的尊重和爱都已经在童年时得到了，所以，我不需要用叛逆来表达对父母的不满。"

▶姥姥的悄悄话

放手也是爱

转眼之间，三个孩子都上了幼儿园，我也做出了一个重要决定：回到老家去生活。因为宝宝们白天不再需要过多照顾，我也想重回故乡休整一下。

另外，我还有一个设想，就是想利用休整的时间将我养育三个宝宝的体会和心得都记录下来，让更多的祖辈们能够少走弯路，这也将是我留给儿女和宝宝们的一份写满爱的成长的回忆。

回到老家后，我经常和宝宝们进行语音或视频沟通，对他们的每一次进步都予以鼓励和赞许。宝宝们虽然不能天天见到我，但是心里能持续地感受到来自远方的爱和鼓励，这未尝不是另一种陪伴呢？

第七章

好玩又实用的隔代分龄
家庭早教课程

第一节 0~4 个月宝宝的早教

著名心理学家巴甫洛夫曾经说过，婴儿若从降生的第三天开始接受教育，就"迟到"了两天。所以，最好的教育应该是从出生那天开始的。

1.1 个月宝宝的早教

（1）请

请专业的月嫂帮忙，她们清楚如何开始早教。

（2）视

母子间的对视也是一种互动交流，母亲的味道对宝宝有极强的安抚作用。

（3）鲜

为了让宝宝的视觉尽早发育，可以为他们布置一个色彩丰富的环境。比如，用颜色鲜艳的围布将婴儿床的四周围起来，衣服和被子最好选用不同颜色的。

（4）说

为了发展宝宝的语言和表达能力，大人应该多跟宝宝进行语言互动，大人的音调可以提高、加强或夸张，引逗宝宝发声和发笑。经常与大人互动的宝宝说话早、表达好，身心健康，社交能力强。

（5）听

听音乐是人类与生俱来的兴趣，悦耳动听的音乐可以带给宝宝快乐的刺激和满足。研究表明，多听音乐的宝宝，其眼神和表情更灵活，动作和语言发展更早，智力发展水平也更高。但要注意播放音乐时音量不要太大，音源也不要距离宝宝耳朵太近，以免损害宝宝听力。

（6）抱

采用正确的哺乳姿势，既可增进母子间的情感依恋，又可强壮宝宝肌肉和骨骼发育。平时多抱宝宝，在安享欢乐之余，达到理想的互动效果。

（7）制

自制一些条形、方格形的图片放在宝宝的视觉范围内，并向不同的方位移动图片，可提高宝宝的视力和辨认能力。

（8）洗

每天给宝宝洗澡，并完成抚触、抹油、消毒（肚脐）、转体、爬行等一系列流程，不但能保持宝宝身体的清洁，还能促进宝宝神经系统的发育，锻炼良好的身体机能。

（9）勤

配置宝宝专用洗衣机，每天要换洗宝宝的衣物。另外，勤换尿片也会让宝宝养成爱清洁的好习惯。

（10）晒

有阳光的日子，一定要让宝宝晒太阳。温暖而轻柔的阳光浴不但能促进宝宝身体对钙质的吸收和转化，更能增强身体的抵御能力。

（11）侧卧

侧卧能让宝宝的头颅保持圆整，颅骨保持颅腔最大化，颅骨越圆，脑容量越大。注意左侧、右侧睡卧时间要均衡。经常让宝宝左侧卧和右侧卧翻转，能为宝宝自主翻身打下良好的基础。

● 1 个月宝宝的早教游戏

（1）悬挂类游戏

新生宝宝的视觉范围是 18~20 厘米。可以把一个红色的球或塑料充气模型悬挂在宝宝头顶上方，以吸引他的注意力。但要注意时间不要太长，每次约 3 分钟，每天 1~2 次，并且要适时更换空间位置，以免宝宝产生视觉疲劳。

（2）移动类游戏

手持颜色鲜艳的玩具在宝宝的视线范围内缓缓移动，让宝宝的眼睛跟随玩具的位置进行左、右、上、下移动。每次 3 分钟为宜，每天 1~2 次。

（3）俯卧抬头游戏

大人要有意识地让宝宝多练习俯卧抬头的动作，这种练习对宝宝的前庭可以产生很好的刺激，更有利于宝宝建立对视觉空间的感觉。

2.2 个月宝宝的早教

现代脑科学研究证明，儿童大脑的发展在幼儿期最为迅速，而早教又会进一步促进婴幼儿大脑的发育以及全面的发展。

● 2 个月宝宝的早教方法

（1）交流

大人要丰富宝宝感觉学习的内容：多互动，多交流，比如抚摸、对话、对视、哼唱儿歌等。可以逗引宝宝练习发音，让宝宝注视色彩鲜艳的玩具，可以手握摇铃，启发宝宝抓握的能力。

（2）培养

培养宝宝养成规律的生活习惯，大人白天拉开窗帘，晚上关闭窗帘，让宝宝分清昼夜。入睡前为宝宝换好纸尿裤，除非宝宝排大便，否则可以整夜不更换，尽可能让宝宝保持安静的睡眠状态。不主张过早地给宝宝"把"大小便，因为宝宝的括约肌还没有发育成熟，容易引起宝宝的排便焦虑。

（3）微笑

经常跟宝宝微笑、对话，能给予宝宝心灵上的满足，让他们拥有安全感与归属感，宝宝也会学着做出微笑的表情回应大人。

（4）洗澡、抚触

给宝宝洗澡，之后擦干身体，将宝宝放在一块干爽的浴巾上，开始涂抹护肤霜或按摩油进行抚触、做操、按摩。要注意节奏，动作要轻缓。大人一边给宝宝做操一边轻喊："一、二、三、四……"让宝宝对数字更加敏感。

有个抚触动作叫作转体俯卧并捏脊，此时宝宝的头会抬起，接着就会向前爬行。大人用手推着宝宝的脚丫，宝宝会一直抬着头，从浴巾的一边爬向另一边。这个动作既可以为宝宝自主爬行做准备，又能使宝宝的四肢协调、肌肉发达，尽快学会大动作。

★ 注意事项

在家中为宝宝洗澡和按摩、抚触时，室内温度应保持在 27℃ 左右，水温控制在 36℃~38℃ 之间。水温过高容易引起宝宝躁动，水温过冷宝宝容易感冒。按摩、抚触时不建议按摩宝宝的脑门，因为此月龄的宝宝头部的骨骼比较脆弱。

（5）游泳

宝宝出生后的 34~36 天内，接种了第一次疫苗后就可以带他去专业的儿童游泳馆游泳了。要带好宝宝的用品，包括：换洗衣服、纸尿裤、指甲刀、浴巾等。每周宜游泳两次。此月龄开始学习游泳，能够促进宝宝骨骼、肌肉和智力水平的发展，同时抵抗力也会大大提高。

（6）阳光浴

每天用小推车推着宝宝到户外晒太阳，让宝宝尽早适应室内外温度的冷热变化，并且从小养成晒太阳的习惯。

（7）训练

A. 让宝宝平躺在婴儿床或垫子上，将玩具垂吊在他的面前。当宝宝专注地注视玩具的时候，将玩具缓缓移到他的右耳旁和左耳旁，注意观察宝宝是否感兴趣伸手去抓玩具。

B. 把纸板书图片张贴在宝宝小床的四周，让宝宝随时去观看这些有趣的图片，并且告诉他图片上都有什么，比如，这是青蛙妈妈，那是小象妈妈……这个宝宝在洗澡，那个宝宝在吐舌头……

C. 将拨浪鼓或带声响的玩具放在宝宝的面前、左肩和右肩等部位，不断地让玩具发出响声，训练宝宝的头随着声音转动。

D. 从不同方位呼唤宝宝的乳名，宝宝的头会转动直到看到你，还会对你微笑。

（8）蹬踢

将一只大彩球或装有小铃铛的塑料气球悬挂在婴儿床的上方，让宝宝仰卧，双腿上举，用脚去踢球。当宝宝看见球在跳动或者发出声音时会很兴奋，便会更努力地蹬腿。这个游戏可以活动宝宝的双腿，锻炼下肢肌肉的张力。有时，宝宝的手和脚能同时碰到球，则从下肢运动扩大到四肢和全身运动，可以让宝宝全身各个关节都得到锻炼，为翻身打下基础。

如果宝宝还不能自主地蹬踢，大人可以轻轻地握着宝宝的腿帮助他慢慢地来回蹬踢，就像在空中踩单车一样。踢腿的幅度要由小渐大，不要勉强，以防损伤宝宝的关节。

3.3 个月宝宝的早教

3 个月宝宝的早教主要训练"看"和"听",以提高宝宝的语言、动作、理解等能力。要让宝宝通过视听的刺激,从外界向大脑输入信号,促进大脑的成熟和心理的发展。语言和想象力的培养是婴幼儿早期教育的关键和重点。

● 3 个月宝宝的日常表现特征

此月龄的宝宝增加了社会性活动能力,原始的生理反射性动作逐渐消失,大脑控制手眼协调和识别物体的能力迅速发育,行为举止也变得更加活跃了。

(1)喜欢让人抱。宝宝被直立抱着时,宝宝的头能稳稳地立起来,大人不需要再刻意防护。宝宝的小腿更有力了,如果大人扶着宝宝的腋下让他直立,那么宝宝的双腿能在短时间内支撑住身体。

(2)喜欢咬东西,看自己的手,用手摸和拍打玩具,在眼前玩耍或拨弄双手,并且出现双手的抓握动作,但五指还没有分工,还是"一把抓"(抓握和视线还未能很好地协调,有时候要绕几圈才能抓住某物)。

（3）骨骼肌肉变得有力。爱动的宝宝能一脚踢开被子，趴着时能挺胸抬头，还能用胳膊支撑起上半身，抬头，与肩成 90 度。平躺时想翻身，但还翻不过来。

（4）吃奶的时候不像以前那样安静了，只要听到周围有响声，就会立刻停止吃奶，把头转过去寻找声源。看东西时视线会跟随物体移动，眼睛也能跟随垂直或绕圈移动的东西转动。

（5）如果大人跟宝宝说话，宝宝会作出回应，并且试图用不同的声音来回应，嘴里不断地发出咿呀声。

（6）睡觉时能感知昼夜区分，晚上睡眠时间延长到 8~10 个小时，白天醒着的时间也延长了许多。

（7）没人在身边时，宝宝会不高兴，又哭又闹。高兴时会大声笑，对经常照料自己的人会产生偏爱。

● 3 个月宝宝的早教方法

宝宝的成长发育进入一个重要阶段，他已经基本适应了周围的环境，身体的各项机能也开始发育，并且会随着成长而变得灵活和好动。我们要鼓励和引导宝宝进行各种有益的游戏活动，以促进身体各种运动机能的发育。

（1）看上方悬挂的旋转吊铃

在婴儿床的上方悬挂颜色鲜艳的会发出声响的玩具，如吊铃、八音盒、手铃等，让宝宝能够转移视线去观察不同的物体。在日常生活中，多吸引宝宝看周围的人和物。

（2）聆听交谈声、歌声和音乐

听力的集中是随着视觉的集中完善起来的。3 个月大的宝宝对音乐、歌声以及谈话声都很感兴趣。我们可以不断地增加宝宝的听觉训练，比如，用录音机、手机等播放欢快的儿歌或轻松的音乐，给宝宝讲故事，和宝宝亲切地说话，唱歌给他听等。不仅能训练听力，还能提升宝宝的想象力。

（3）互动与交流

家人要和宝宝多说、多问、多交流，比如"早上好！""你做好梦了吗？梦到和妈妈在一起了吗？""你好吗？""你睡醒了吗？""你是不是又饿了？"记得说话时的语气要有轻重和起伏，这样能刺激宝宝听觉细胞和关联神经的发展。

人的智力核心是思维，而思维的发展与语言密切相关。只有通过和成人的语言交流，才能增加宝宝的词汇量，提高宝宝理解语言的能力。在《父母的语言》一书中也提到了，早期儿童听到父母的语言，塑造孩子的大脑。语言必不可少。

（4）抚摸和拥抱

抚摸和拥抱能让宝宝感受到温暖，获得更多的安全感与信任感。为保护宝宝的骨骼，我们可以采用"飞机抱"的方式，即让宝宝的脸和身体向外，大人双手从背后托住宝宝肚子。

（5）触摸

让宝宝触摸色彩鲜艳的儿童卡片、手抓玩具或毛绒玩具（要注意有的宝宝对毛绒玩具过敏，慎重挑选材质和填充物），帮助宝宝提升触觉感受。

（6）玩游戏

玩游戏是宝宝的天性，宝宝在玩的过程中能锻炼动作能力和身体机能。我们可以陪着宝宝一起玩，比如握握手、摇铃铛、拍拍手，多次重复会启发宝宝，他会伸出手来与你一起互动，这也有益于增进祖孙之间的情感交流。

（7）讲故事

宝宝睡觉前和睡醒后，可以给他讲 5 分钟的小故事。通过丰富的语言刺激能够大大加速宝宝学习说话的进程。足够的输入，带动输出。

（8）晒太阳

晒太阳时，大人可以不停地和宝宝说话，告诉他现在在哪里，可以看到哪些景物，周围有哪些小朋友等。语速要缓慢，声音要轻柔，就像给宝宝读一首即兴的诗作或一篇优美的散文一样。宝宝在补钙的同时，也增加了对户外活动的乐趣。

（9）游泳

游泳几乎是每个宝宝都喜欢的运动，如果从小接触正规的游泳活动，3 个月大的宝宝已经习惯于在水里尽情地玩耍，他在水中做自由转体比在床上翻身容易很多，还可以自主抓取浮动着的小玩具。如果条件允许，机构管理完善，可以让宝宝多学习游泳，在活动身体的同时，还能刺激大脑发育。

★ 注意事项

此时宝宝的视力尚未发育成熟，大人不要让他们过早观看手机、电脑和电视，以免影响视力和大脑发育。美国儿科学会建议 18 个月内的宝宝禁止观看电子产品，屏幕的形象化和程序化会让宝宝接受过度刺激，被动学习，弱化社交，并可能成瘾，从而制约宝宝的正向学习力、社交力、自控力、约束力和执行力的发展。

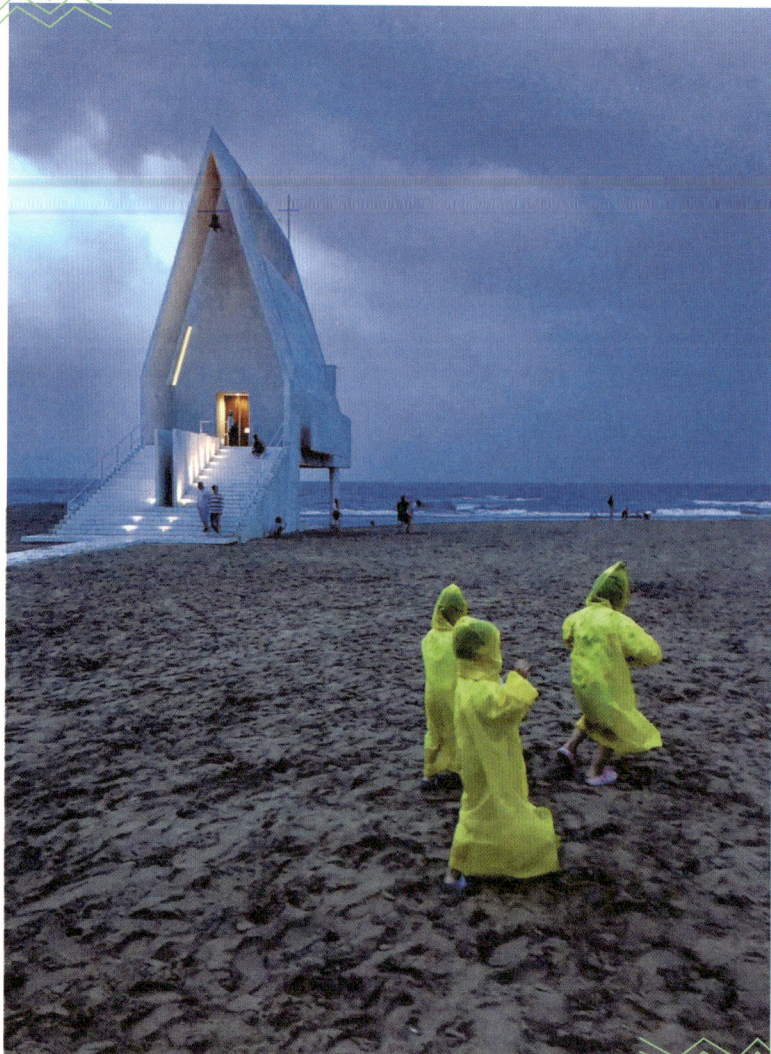

4.4 个月宝宝的早教

4 个月大的宝宝会笑了，有时笑声会很大。能趴在床头抬头，也能翻身并能抓住玩具了，还能朝着声源方向转头，对发出声音的人发出"啊啊"的回应。

● 4 个月宝宝的身体技能强化

○ 技能强化一：翻转运动

目的：感受到身体的运动，建立宝宝的空间知觉。

（1）在开始翻转之前，先做婴儿体操进行热身。

（2）先向一个方向翻转，持续一到两周，再向另外一个方向翻转。不要同时双向翻转，以免令宝宝混淆方向。

○ 技能强化二：起坐运动

目的：强化宝宝腰部力量，协调各种反应机制，强化体力，开发智力。

（1）大人和宝宝面对面，宝宝仰卧，大人将双手的食指伸向宝宝，其余手指可以配合拉动宝宝，让宝宝由仰卧变为坐立，连续起坐至少三次。

（2）几天以后，只要跟宝宝说："来！我们起坐一个！"并将食指伸向宝宝，他就会牢牢地抓住大人的食指。

（3）起坐时，大人一边助威一边喊："起、起、起来啦！"仰卧时，也要一边助威一边喊："落、落、落下去！"

每次做这个运动都会让宝宝心花怒放，做完三次，过不了几天，他还会伸手想要大人带他继续做。

○**技能强化三：坐飞机**

目的：训练宝宝身体慢慢直立，但又不会让腰椎承重过多。

抱起宝宝，前后旋转 180 度，由面朝怀里的方向转为面朝外，这样不仅可以扩大宝宝的视野，还保护了腰部。一开始抱宝宝的时间稍短，可慢慢地增加时间。

可以让宝宝面朝下，呈飞机起飞状；也可以斜抱宝宝，让宝宝面朝外；还可以让宝宝面朝外，做直立状。

○**技能强化四：发音**

目的：训练宝宝发出更多的声音，并且正确地发音。

第一步：鹦鹉学舌

当家长听到宝宝"咿咿呀呀"地发出各种声音时，可以模仿他的发音，刺激他多发声。

第二步：肯定发音

当宝宝说出正确的发音时，大人要及时予以肯定和鼓励。

第三步：引导发音

宝宝发音时，有些音节会含混不清，大人要用类似的标准音节予以引导。

第四步：耐心等待

宝宝有时会忘掉已经说过的音节，等成长到 8~9 个月时，他才会真正说出这些音节，大人不要过于着急。

第五步：只管去做

无论结果如何，一定要把该做的练习做完。把这个过程当作游戏，总有一天会水到渠成，宝宝学会正确地发音。

○**技能强化五：动手指**

目的：提高宝宝手指运动能力和记忆力训练。

分别用左手和右手进行训练：让宝宝一只手握拳，先逐一伸出手指，1、2、3、4、5，变成手掌状；再一个一个收回手指，变成拳头状。练习中可教宝宝区别左右手，分清哪边是左手，哪边是右手。

○**技能强化六：看绘本**

目的：训练宝宝的专注力和理解语言的能力，并且从有趣的图画中了解世界。

4 个月大的宝宝读物包括纸质绘本以及 32 开以上的单幅图画。内容简单、温馨，画面清晰，一页一幅画面，也可以是内容有关联的一组绘本。

方法：

宝宝仰卧平躺，大人把绘本放在宝宝视线上方约 1 米的地方，一边讲解绘本的内容，一边让宝宝慢慢地翻看，时间大约 3~5 分钟（慢慢增加翻看绘本的时间）。不适应翻看的宝宝，听读就足够了。

大人讲解绘本的时候，要让每个画面在宝宝面前停顿一小会儿，让宝宝消化这些内容。每天坚持看绘本，之后更换另外一本，过几天再回头复习这些内容。简单的事情重复做，日久天长，宝宝就会养成喜欢阅读的习惯，最重要的是让宝宝把阅读当作一种玩耍的习惯。

○**技能强化七：看吊铃**

目的：训练宝宝仰卧时向上看，伴随着吊铃的转动，可以让宝宝了解白天和夜晚的区别。

方法：

（1）白天的时候，打开吊铃的音乐，用手抓住吊铃中心，告诉宝宝，太阳公公出来了，宝宝们都醒来了！

（2）夜晚的时候，关闭吊铃的音乐，再告诉宝宝，太阳公公下山了，宝宝们都要睡觉了！

（3）将吊铃用一根绳绑在宝宝的脚踝上，让宝宝学会自己去玩，他的脚一动，吊铃也跟着动，可以帮助宝宝运动四肢。注意大人不能离开，避免绳子缠住宝宝。

第二节 5~8个月宝宝的早教

1.5个月宝宝的早教

大多数宝宝5个月大时就开始学习爬行了，这时宝宝的身体变得日益强壮，情绪也变得更加丰富，性格也外向多了。

● 认知能力的训练

（1）方位听觉训练

用可以发声的玩具吸引宝宝寻找前、后、左、右不同方位、不同距离的声源，以刺激他的方位听觉能力的发展。每日训练2~3次，每次3~5分钟。注意声音不要太大。

（2）颜色感知练习

让宝宝多看各种颜色的画册、玩具及物品，告诉他物体的名称和颜色，可以大大缩短宝宝的认知过程。

●动作能力的训练

（1）爬行的准备和训练

拿一个宝宝感兴趣的玩具，先将玩具放在他的左手边，当宝宝伸出左手时，大人推动一下宝宝的右脚；再将玩具放在宝宝的右手，当宝宝伸出右手时，大人再推动一下宝宝的左脚。引导和练习 5~6 次之后，宝宝就学会了爬行。

（2）伸手够物

通过伸手够物的练习，可以延伸宝宝视觉活动的范围，增强对距离的感觉和理解，发展手和眼的协调能力。

（3）盖手绢，躲猫猫

将一块小手绢盖在宝宝的脸上，让他自己拿下来。刚开始宝宝还不会拿，大人可以拉住他的小手，帮他拿下来。

类似这样的躲猫猫游戏会引得宝宝大笑，原因在于躲猫猫游戏本身就是一种人际联系。"看到你啦！看不到你啦！"这种交流方式对宝宝来说特别有趣。

（4）从坐直到站立

拉着宝宝坐起来后，再顺力拉他站起来。要协助宝宝自己用力站起，大人切勿使劲拉，以免伤到宝宝的手肘和手腕。

（5）寻找落地玩具

将带声响的玩具放在宝宝面前，再故意将其掉到地上，然后抱着宝宝弯下腰，让他自己捡起来。

（6）认识五官

让宝宝和大人面对面坐好，告诉他大人的鼻子在哪里，然后拉着宝宝的小手去指指大人的鼻子，再指指他自己的鼻子，加深记忆。再用同样的方法依次指认其他五官。

● 如何为宝宝选择早教音乐

早教音乐可以提升宝宝的注意力、语言能力、记忆力和想象力。早教音乐的魔力这么大，如何为 5 个月大的宝宝选择早教音乐呢？

（1）注意力

宝宝的注意力很短暂，通常几分钟左右就会转移。而极具亲和力的乐曲能使宝宝的注意力持续增加，比如经典儿童古典音乐《小狗圆舞曲》《电闪雷鸣波尔卡》《时钟店》等。

（2）语言能力

音乐本身就是一种语言，歌词是一首歌曲的文字部分。多唱诵经典的童谣、儿童歌曲的歌词，也能提升宝宝的语言能力。

（3）记忆力

音乐是一门听觉艺术，也是培养宝宝记忆力的最佳教材。动听的节奏和旋律，不但易于上口，还能储存在宝宝的脑海中，加深记忆。如果再配上手舞足蹈的表演，就更能增添音乐的乐趣了。

（4）想象力

音乐是培养一个人直觉思维和想象力的有效手段。宝宝在接受音乐训练的过程中，大脑会得到强烈而有效的刺激，从而能培养宝宝的想象力和对艺术的直觉。

● 如何为宝宝选择优秀的绘本

（1）优秀绘本的特点

优秀的绘本在色彩、造型、构图上都很讲究艺术美感。宝宝的审美能力是从小萌发的，美学教育也是很重要的成长养分。

优秀的绘本内容丰富，趣味性强，整体与细节都有很多令人叹服的特别之处，越读越有意思，有常读常新的感觉。

（2）选择与宝宝的月龄特点相匹配的绘本

纸书：既可以立于婴儿床或地垫拐角处，又可以放在大人腿上和宝宝一起看。

布书：易清洗，撕不破，啃不烂，可抓握。

塑料书：易清洗，不易撕坏，不会打湿，便于抓握。

建议：选择无订书钉、无螺丝、无尖角、无可拆卸书钉的设计安全的图书，不会伤害到宝宝。

（3）选择对宝宝生长发育有益的绘本

如《动物乐园》《水果蔬菜》《唐诗》《儿歌》《趣味数字》《婴幼儿睡前5分钟故事》以及"奇妙洞洞书"系列的《毛毛虫吃什么呢》《猫头鹰说故事》《马戏团》《我会数一数》等。

关系语言发展与交流的绘本：《好朋友》等。

关系情感认知与关爱的绘本：《爸爸妈妈我爱你》《一个空箱子》《竖起耳

朵听一听》《啊呀，吓一跳》等。

关系社会规范与交往的绘本：《我要吃》《都是我的》《谁跟小白兔一起玩》《自己穿衣服》等。

关系生活与健康的绘本：《睡午觉》《便便》等。

关系健康认知与关爱的绘本：《小松鼠的生日》等。

2.6 个月宝宝的早教

● 6 个月宝宝的发育特点

6 个月的宝宝能够自己坐起来了，有的宝宝长出了两颗小门牙，喜欢咬手指和啃玩具，听觉也变灵敏了，开始学习发声，有的宝宝学会了爬行。

● 6 个月宝宝的早教练习

大人要多和宝宝做各种游戏，为宝宝创造更多的学习机会，刺激大动作和大脑发展。

（1）隧道爬行

将爬行垫卷成桶状，当成一条隧道，让宝宝从隧道的一头爬到另一头，大人在另一头召唤宝宝。

（2）跨越人体中轴线练习

宝宝平躺，大人拉着宝宝的左脚和右手，让它们碰触到一起，反复伸展再并拢，另一侧也一样，让宝宝的右脚和左手在人体中轴线会合。大人可以抱着宝宝坐下，把玩具放置于宝宝的左侧，让宝宝左手拿玩具，然后慢慢转移玩具放在宝宝的右侧，宝宝左手需要伸向右侧，甚至要扭动身体才能拿到玩具。

跨越人体中轴线的练习，能让宝宝的四肢更好地从人体中轴线向两侧延伸，动作也变得更加协调。

（3）弹多功能电子琴

宝宝还不会用手指按琴键，但可以坐在电子琴前，用手掌拍打键盘，并且知道当手掌触碰到键盘时，就会有琴声弹出，再拍一次，琴声又响了，停止拍打后，琴声就停止了。电子琴上还有一个开启乐曲的按钮，当宝宝用手按下开关键，电子琴会自动播放各种乐曲。这样的练习可以锻炼宝宝挥动胳膊和手掌的能力以及使用的力度。除了小钢琴，很多打击乐器、小乐器等都可以作为好玩的教具和宝宝一起玩。

（4）按各种开关键

抱着宝宝将房间里所有灯具的开关键都按一按，还有电脑开关、电子琴开关以及楼道灯的开关，以及电梯里上下楼梯的按键等。按电梯的同时可以告诉宝宝："我们家在5层，我们要按下5这个按键，电梯就会把我们带到5层。"按开关键可以让宝宝学会五指分开使用，为8个月时独立用勺吃饭做好准备。当然，不可以湿手按开关，插电的开关要注意安全操作。

（5）翻书

大人要教宝宝怎么翻书，进行多次演示和强调后，宝宝真的会自己一页一页去翻看，不过一开始大多是一翻就是几页，慢慢地宝宝就会逐页翻书了。这对宝宝精细动作的进一步提升很有帮助，宝宝对阅读的兴趣也会越来越浓。

（6）撕旧书、废纸

从宝宝学会坐立到两岁之间，最喜欢做的事就是撕书和撕纸。我们与其三令五申地禁止宝宝，不如找对道具让他撕个够。将旧书或废纸放到宝宝面前，大人先撕，再让宝宝撕个痛快。要随时清理现场，以防宝宝把碎纸塞进嘴里。也可以慢慢提醒宝宝，哪些书或纸可以撕，不要低估宝宝的思维能力，多示范、多陪伴，宝宝有边界。

（7）玩小玩具

准备一些小玩具，如手摇铃、磨牙棒、橡胶娃娃、塑料小动物等。将玩具清洁、消毒后，宝宝可以握在手里，摇一摇、晃一晃，再塞进嘴里啃一啃。

★ 注意事项

（1）以休息为主

6 个月大的宝宝，白天清醒的时间明显增加了。但我们切记不要打扰宝宝的睡眠，不要为了早教而耽误了宝宝宝贵的休息时间。睡眠就是大脑最好的学习时间。

（2）安抚工作做在前

宝宝偶尔也会发小脾气，心情不爽，左摇右摆地表示抗议。此时，大人们一定要安抚好宝宝。宝宝状态不好的时候不要盲目陪伴，那样只是满足大人的"教"，而不是宝宝的玩和学。

（3）注意宠物

有些动物身上有许多毛发、细菌、寄生虫等，有些品种可能会引起宝宝的不适和过敏反应。另外，一旦挑逗起小动物的攻击性，对宝宝还会造成伤害甚至威肋生命。所以低月龄的宝宝家庭不建议新添宠物，已有宠物的家庭要注意清洁和消毒，不带宝宝随意哄逗不熟悉的宠物。

（4）勤于消毒

给宝宝玩的各种玩具每天或隔一天必须消毒一次，牙胶和玩具很容易藏污纳垢，宝宝的口水长期浸泡，细菌滋生，是极大的健康隐患。

（5）防护工作要到位

切记不要在宝宝四周放置硬质的玩具或物品，宝宝坐久了有时会向后仰倒，容易造成伤害。

（6）适可而止

睡前半小时尽量不让宝宝做过度激烈的运动，也不要让宝宝玩得太过兴奋，要调整好玩耍的时间和运动量，以免影响夜间睡眠。

（7）调整作息

调整宝宝白天的睡觉时间，逐步减少黄昏前后的小睡，帮助宝宝增加夜间整觉时长，调整一段时间后宝宝的睡眠就规律了，会更早更快入睡。晚上睡眠的时间会增加，哭闹也会减少。

3.7 个月宝宝的早教

对 7 个月的宝宝进行早教，能有效地促进他的智力发育。这时不要强迫他们做不喜欢的事情，要激发他们与生俱来的学习与探究的动力，满足大脑发展迫切需要的感觉刺激和学习经验。

● 7 个月宝宝的发育特点

（1）宝宝的语言发展已经进入敏感期，能主动模仿大人说话的声音，可以说出比较明确的音节，会一整天或几天一直重复几个音节。

（2）理解成人语言的能力也开始增强，宝宝慢慢地懂得用语意去认识物体，并能听懂大人不同语气和语调所表达的意思。

（3）逐渐开始出现认生的行为，能够区别出亲人和陌生人。

（4）从镜子里看见自己时会微笑。

（5）能有意识并且较长时间地观察感兴趣的事物。

（6）有的宝宝会出现分离焦虑的情绪。

● 7 个月宝宝的早教方法

（1）节拍和节奏

多让宝宝听一些轻柔或节奏鲜明的轻音乐，不同旋律、节奏、音调可以提高宝宝对音乐的感知能力。大人可以握着宝宝的双手教他和着音乐节奏学习拍手，也可以边唱歌边教宝宝舞动手臂，这样既可以培养宝宝的身体协调能力，又可以作为最初的音乐启蒙。当音乐声响起时，宝宝就会情不自禁地跟着节奏摇头晃脑，还会微笑着看向大人。

（2）认识玩具

把球、橡胶动物玩具、磨牙棒和画册等物品放在宝宝面前，大人说出一个名称，让他伸手去拿对应的物品。将宝宝喜欢的玩具放在宝宝面前，用手挡住他的眼睛，再将玩具换个地方放置，让他去寻找这个玩具，重复五六次后，宝宝就能较快地找到目标，这样的训练可以提高宝宝的初级记忆力。

（3）观察周围

教会宝宝认识并观察周围的日常用品、自然景观、图片和玩具，扩大宝宝的视野，可培养宝宝的认知行为，提高宝宝的观察力。

（5）教会说话

为了提高宝宝的语言能力，大人每天要轮流与宝宝讲话，为宝宝提供模仿发音的样板。讲话时注意声音要柔和，并使用不同的语调，最好伴有不同的手势。每次说出的词语要和肢体动作相对应，这样有利于宝宝加深记忆，比如说"再见"时可以伴着挥手的动作。

（6）捅洞孔

7 个月大的宝宝开始对自己的身体和周围的环境产生好奇心，有时会用手指捅自己的耳朵、鼻子、嘴和肚脐，好像要考察身体上每一个他感兴趣的部位。慢慢地，宝宝开始把这种考察转移到大人身上，喜欢捅大人的耳朵、鼻子、眼睛和嘴，甚至还要比较两种不同的感觉。

大人可以有意识地训练宝宝做一些捅洞孔的活动，将有助于宝宝精细动作的发展。比如，将"洞洞"系列丛书中的洞洞指给宝宝看，翻书的时候故意从有洞洞的部位翻开，宝宝再翻书时就会自觉地"钻洞洞"了。

接下来，可以教宝宝向手电筒里装入电池（没电的电池）。由于电池和电筒的边缘几乎没有缝隙，这个动作对 7 个月的宝宝来说并不是一件容易的事。大人可以把手电筒拆开，尾部向上，将电池一节一节地装入手电筒，再让宝宝把电池一节一节地倒出来，再一节一节地塞进去，反复练习，宝宝就学会了。

更简单安全的动作是把小球丢到盆里，或者装到口袋里，反复拿取，对训练宝宝的精细动作和空间感知能力极有帮助。

（7）照镜子

每天抱着宝宝照镜子，让他认识镜中的自己，再逐一认识自己的五官。比如，指着镜子里的宝宝问："镜子里面的那个小人儿是谁呀？"这时他会看着镜中的自己笑啊笑。接着大人再指着镜子里宝宝的五官问："宝宝的眼睛在哪里？""鼻子在哪里？"让宝宝对着镜中的自己指认一遍，再反过来对着自己的五官进行指认，逐渐加深认识。

★ 注意事项

1. 祖辈的普通话要尽可能地标准，尤其对于长期生活在外地的祖辈，普通话过关是隔代养育的难题。

2. 宝宝的早教随时随地都可以进行，大人要有一双善于发现的眼睛，针对宝宝在不同时期的成长特点因材施教。

3. 当宝宝对洞洞开始感兴趣时，意味着他随时会关注家里墙壁上的插板或电源插座的孔穴。要用电源插孔安全扣将家里所有的电源插孔全部堵上，以确保宝宝的安全，大人要从根源上避免隐患，慢慢提醒宝宝。

4. 这个时期的宝宝处于啃嚼期，要将宝宝可能触碰到的物件全部消毒，太细碎的东西要清理干净，谨防宝宝吃进嘴里。

4.8 个月宝宝的早教

● 8 个月宝宝的发育特点

（1）此阶段的宝宝就像一个小大人，坐得很稳，爬得很快，自己扶着围栏或沙发能站立起来呆一小会儿。

（2）情感表达逐渐丰富，和大人对视时，宝宝会露出微笑。

● 8 个月宝宝的早教方法

8 个月宝宝的早教开始进入真正意义上的互动状态，会让大人感到欢欣鼓舞。

（1）从窗户向外看

可以抱着宝宝从窗户向外看（住在楼上的可以向楼下看），一边看一边指着窗外的事物讲给宝宝听。比如，坐在婴儿车上的小宝宝，上幼儿园的小朋友，骑车上学的哥哥姐姐，买菜的爷爷奶奶，上下班的叔叔阿姨……告诉宝宝，人们都在忙这忙那，你长大以后也会上幼儿园、上小学，也会自己骑自行车。现在要好好学走路，会走路就可以去好玩的地方了。

（2）玩具

为宝宝准备各种类别的玩具，比如：各种球、一挤压就发出响声的橡胶玩具、不倒翁、音乐鼓、充气玩具等。可以给宝宝手工制作一个拨浪鼓，此阶段，宝宝较喜欢能发出声音的玩具。

（3）捅洞孔延展活动

宝宝 8 个月时，可以将之前训练的捅洞孔的游戏加以延展。

比如，把洞洞书上的洞挡在手电筒的光源前面，让宝宝感受漏光。也可以用薄一些的纸撕出不同形状的洞孔，再让宝宝感受不同的漏光光柱。天黑时，把家里的灯关上，宝宝还可以看到不同的墙壁光柱。

向手电筒里装入电池时，大人可以给宝宝加大难度，要求宝宝将每节电池的正极向下放入，最后给手电筒尾部加盖，推开开关，手电筒就亮了。如果其中任何一节电池装错了，宝宝会发现手电筒是不会亮的（注意别让宝宝啃咬电池，也可以用手机上的手电筒 APP 来完成）。

（4）学说话

宝宝模仿大人说话的能力更强了，渴了饿了都会叫"妈妈"，不愿意的时候会发出"不"字，并且开始跟着大人学舌。

这个阶段的宝宝属于尝试发音期，往往前几天说得很好，隔几天突然又什么都不会说了，这都是正常现象，需要大人不间断地引导。即使宝宝几天都不说话，也不能停止和他的交流。宝宝并不是不回应，而是因为他的大脑正在储备语言的能量。

★ 注意事项

当宝宝出现摇头、哭闹、推开人等行为时，表示他的内心是充满抗拒和不满的。大人要仔细观察宝宝，破译他们真正的心理动机，只有充分了解，才能减少强行阻止给宝宝带来的心理伤害。

第三节 9~12 个月宝宝的早教

▼

1.9 个月宝宝的早教

宝宝成长到 9 个月，记忆力、模仿能力和社会活动需求发生了质的飞跃，身体的协调能力变得更强。大人开展早教具有了拓展的可能性。

● 9 个月宝宝的早教方法

（1）捡东西

目的：锻炼宝宝双手的灵活性和精准度，加强身体各部位的协调性。

将宝宝喜欢的玩具放在他的脚边，让他弯腰一个一个地捡起来。大人要将一些细小的物品收拾干净，注意不要让宝宝把物品吞进嘴里。

（2）串珠

目的：锻炼宝宝手和眼的协调能力和精细动作。

拿一条带绳的串珠，大人先演示将珠子从绳子上取下来，再重新将珠子一颗颗串在绳子上。演示完毕，让宝宝模仿。

（3）取娃娃

目的：锻炼宝宝的初步记忆力。

将娃娃和纸张放在宝宝面前，让他看着大人用纸将娃娃包好，然后大人问宝宝娃娃什哪里，让宝宝自己打开包装纸。

（4）扔东西

目的：让宝宝探索扔出去的东西的视角和距离。

将宝宝抱进小餐椅，递给他几个橡胶玩具或小球，让他不停地扔到地上，大人帮他捡起来，并让他继续扔。

（5）收纳

目的：锻炼宝宝的秩序感。

大人将用过的东西一件件放进盒子里，然后让宝宝模仿。

（6）拉抽屉

目的：训练宝宝的记忆力、模仿能力和动手能力。

将宝宝喜欢的玩具放入抽屉，再拉开抽屉，把玩具拿出来，大人操作一次，然后让宝宝模仿。

（7）找玩具

目的：训练宝宝的初步记忆力。

在桌上放一些小球、积木和布娃娃等，让宝宝坐在这些玩具中间。当他要拿某个玩具的时候，大人挡住他的眼睛，把这个玩具换一个地方放置，再让宝宝去拿这个玩具，重复五六次。如果他能够拿到一半数量的玩具，已经很理想了。

（8）打拍子

目的：让宝宝感受节奏的美感，也便于以后的早教课程可以在音乐声中进行，在欢快声中结束。

播放音乐，让宝宝和着音乐节奏拍击双手，并舞动身体。

2.10 个月宝宝的早教课程

● 10 个月宝宝的发育特点

（1）10 个月的宝宝能够翻身站起来，即使手里抓着东西也能够同时站起来，能独自站立 10 秒以上，站姿左右旋转 90°不倒。到了 10 个月的后半个月，宝宝可以自己走几步，还可以不倚靠任何物体或从蹲着的姿势站起来。

（2）宝宝的臂力变强，手部更加灵活，能推开门，会按电灯或电子琴的开关，能把碗里的东西倒出来。

（3）宝宝对语言的理解能力有所增加，能听懂并执行大人对他发出的简单指令，能认识常见物品，喜欢重复别人说的话，但表达还不顺畅。

（4）宝宝的情感表达更加丰富，会用面部和肢体表达更加精准的情绪，生气时会嚷嚷着跳起来，还会扭头走开。

（5）当宝宝想要某个信赖的人看护自己时，就会做出亲亲的动作，还会抱着大人的脖子。之后离开玩一会儿，再回到大人身边抱一抱，再接着玩。

（6）注意力和关注度也在提升，随时会被远处的人和物所吸引。

● 对 10 个月的宝宝可以进行集体早教

在舒缓的音乐声中开始宝宝的早教。

（1）互动游戏：打拍子

目的：训练宝宝的节奏感，理解动作与音乐的配合。

随着音乐声响起，宝宝开始舞动起来，跟着音乐的节奏和大人一起拍动双手。大人欣喜的目光和灿烂的笑容会让宝宝玩得更起劲儿。

（2）互动游戏：照镜子

目的：增加对自己五官的认知。

大人和宝宝面对面，拿出一面小镜子，让宝宝看到镜中自己的小脸。之前宝宝只会指出大人的嘴巴、鼻子、眼睛、耳朵，当他学会了照镜子，看到了镜子中的自己，就会知道自己的嘴巴、鼻子、眼睛和耳朵在哪里了。

（3）互动游戏：扇扇子

目的：训练宝宝的观察力，了解事物之间的逻辑关系以及手和手腕的协调。

宝宝坐在大人怀里，大人手拿小扇子，大拇指竖起，其余四指横握扇把儿，然后伸直胳膊一下一下地扇扇子，让宝宝体会协调动作的乐趣以及扇扇子带来的凉风。接着大人教宝宝模仿扇扇子的动作，并且要多练习，多赞美宝宝。

（4）互动游戏：翻书

目的：培养宝宝爱书本和爱阅读的好习惯。

宝宝拿一本书，由大人示范拿书的姿势：身体坐直，正面朝上捧着书，一页一页地翻动，然后让宝宝模仿。

（5）互动游戏：装豆子

目的：训练宝宝手眼协调能力和空间感知能力。

将豆子放入小玻璃瓶，然后倒出来，再让宝宝用拇指和食指把豆子捡起来，一颗一颗放进瓶子里。注意不要让宝宝误吞误食。

（6）互动游戏：开瓶子

目的：训练宝宝手臂动作，理解物品之间的关系，解决简单的问题。

准备一个透明的塑料瓶，里面装着饼干。大人示范用手拧开瓶盖，把瓶盖放在自己的腿上，再倾斜瓶子，取出一块饼干，放入嘴里，说一声"真好吃！"然后，让宝宝学着打开瓶盖，打开了就有饼干作为奖励。

（7）互动游戏：套环

目的：训练宝宝身体各个部位的协调性。

递给宝宝一个直径约 10~15 厘米的塑料圆环，引导宝宝把圆环套在自己的胳膊、腿或身体的某个部位上。

（8）互动游戏：甩皮球

目的：锻炼宝宝的臂力，让宝宝感知皮球的反弹力。

取一个较大的皮球，大人双手抱起皮球，举过头顶，用力向正前方甩出去，然后让宝宝学着做。可以将皮球向墙壁抛出去，虽然宝宝臂力不够，但他也会去模仿。

（9）互动游戏：拔地起

目的：锻炼宝宝腿部力量和脊椎及身体各部位的协调能力。

大人坐在地垫上，示范从蹲的姿势到站立的姿势，然后让宝宝模仿。

3.11 个月宝宝的早教课程

● 11 个月宝宝的发育特点

（1）11 个月的宝宝基本上能喊出他熟悉的大人的"称呼"，词汇也变得越来越丰富。

（2）宝宝可以独自走一段较长的距离，但中途还会"咚"地坐个"屁股墩儿"。

（3）宝宝的情感知觉也更加丰富，他面对不愿意做的事情会剧烈摇头、两腿蹬踹、小腰一拧，还会大声嚷嚷并且说出"不"的字眼。

（4）喜欢到处看看，到处翻动，会一页一页地翻书，还会模仿大人的表情和动作，会开怀大笑，会像大人一样咳嗽，会吹凉热腾腾的饭菜。

（5）宝宝的咀嚼和消化能力已经很强了，并且形成了规律的饮食习惯，睡眠也很规律。

● 11 个月宝宝的早教课程

（1）指出来

目的：训练宝宝的准确认知能力。

大人伸出一根手指，指向一个物体，问宝宝："这是什么？""那是什么？"让宝宝也学着伸出一根手指，练习手指的分离。比如，大人可以问宝宝："灯在哪里？""开关在哪里？"同时让宝宝用手指指出物体。

（2）跳起来

目的：训练宝宝的弹跳能力，为下一步大动作的提升奠定基础。

大人用双手夹着宝宝的腋窝，托举着宝宝上下跳跃。

（3）爬上去

目的：训练四肢的协调能力。

让宝宝爬上高处，体验站在高处的感觉，比如爬上沙发。大人要紧跟在宝宝身边，避免宝宝摔倒或撞头。

（4）跳下来

目的：提高身体的平衡能力。

带宝宝去儿童游乐场玩，让他跳入海洋球中（不要太深，不宜超过胸口高度），有助于刺激宝宝积极探索的欲求，勇于尝试。

（5）转起来

目的：让宝宝感知变动的乐趣，并学会变换各种状态。

利用家里可以推动和旋转的椅子对宝宝进行训练。比如，教宝宝推动转椅，可以顺时针转，也可以逆时针转。如果两个宝宝一起玩的话，力气大一点的宝宝就会占据主动。大人可以帮宝宝们统一向一个方向转动，让宝宝们学会合作玩、合力玩。

（6）捞起来

目的：让宝宝学会物品归位。

把几十个海洋球放在围栏中的地垫上。大人带领宝宝用塑料小铲子将海洋球一个一个地捞起来，再一个一个地放进小塑料桶中。

（7）走起来

目的：训练宝宝学会独立走路。

11个月大的宝宝，腿部骨骼、肌肉、神经已经发育到可以走路了。虽然他们走得还不稳，有时会"咚"的一声坐下来，但会马上站起来，接着走。大人要给予宝宝足够的赞美和鼓励，尤其在宝宝将近周岁时，大人要多为宝宝创造自己走路的机会。

在家中要给宝宝穿上软底鞋。对于脚后跟小的宝宝，可以在他鞋后跟处缝一条小带子，将带子绕到脚面系牢。

大人走在前面，宝宝跟在后面，一起向前走，一边走一边喊着口令："一二一，一二一"，宝宝会乐此不疲地走上好长一段时间。

经过在室内穿鞋走路的锻炼，宝宝的腿部力量会增加。当大人带他到外面走路时，宝宝就可以自然而然地一直站着走，不会轻易摔倒。

5.12 个月宝宝的早教课程

12 个月大的宝宝，虽然偶尔还会坐"屁墩儿"，但走路明显比以前稳当多了，而且更愿意穿着鞋子到户外走动。宝宝的认知能力和各项技能也在进一步发展，词汇量的增加让他的表达更加丰富，情绪表达也出现了很大的改观。

● 12 个月宝宝的早教课程

（1）送玩具回家

目的：提高宝宝的空间感知能力、手眼协调能力、形状认知能力和对号入座的对应关系认知能力。

道具：准备若干积木和海洋球，根据三角形积木的大小和海洋球的直径，在大一点的纸箱子上挖出对应的六个孔：一个小圆孔、一个三角形孔、一个正方形孔、一个长方形孔、一个中圆孔，再挖一个可以让宝宝伸进手取出各种玩具的大圆孔。

过程：让宝宝把三角形积木从三角形孔中放入纸箱，将圆柱形积木从小圆孔中放入纸箱，分别将正方形积木和海洋球从对应形状的孔中放入纸箱，并且还可以从最大的圆孔中取出小玩具。

（2）制作彩虹

目的：让宝宝认识各种颜色并训练精细动作。

道具：一只圆形的玻璃器皿，一只盛有 1/3 清水的玻璃杯，各种颜色的糖豆。

过程：大人先将各色糖豆放入玻璃杯，用水浸泡，再将泡好的糖豆和水一起倒入玻璃器皿中，将糖豆沿着玻璃器皿的边沿摆放一圈，让宝宝看着玻璃器皿中的糖豆指认出糖豆的颜色。

（3）积木大楼

目的：提升宝宝的空间认知、高度认知、建筑认知及精细动作能力。

道具：木制积木或拼插积木一套。

过程：将各种积木一块一块向上搭，就像搭建高层楼房一样，搭完再推倒，推倒了再重新搭，以开发宝宝的创造力。

（4）热闹的公路

目的：了解交通规则，模拟公路行驶的场景，发展想象思维。

道具：各式小汽车，红色的和绿色的海洋球各一个。

过程：前方放一个绿色的海洋球，将宝宝的各种小汽车呈"1"字形摆放，大人说："路灯亮了放行！"并助推最后一辆汽车，整队车辆都会动起向前"行驶"。前方摆出红色海洋球（撤掉绿色球），整列车队立即停止行驶。还可以设计以下几种方案：第一种，堵车了，交警处理事故，车辆要等待；第二种，左侧有岔道，车辆可以绕行，然后中间某辆车开始左转绕行。

（5）踢球和投球

目的：训练宝宝双腿和双臂的力量，增强肢体协调能力。

道具：足球、篮球。

过程：让宝宝在围栏中站立，然后抬起一只脚踢球。还可以买一个玩具篮球架，让宝宝投球，看谁进球多，男宝宝更喜欢这种球类活动。

★ 注意事项

尽可能让宝宝在家也穿着鞋子，以适应户外走路。玩彩色糖豆游戏的时候要关注着宝宝，尽量别让宝宝把糖豆撒得满地都是。

第四节 13~18 个月宝宝的早教

▼

1. 13~18 个月宝宝的发育特点

（1）这个月龄阶段的宝宝，头部与身体的比例发生了变化，脑部和脑干迅速发育，头围接近胸围，牙齿接近 20 颗。而身高和体重的增长变得缓慢，双腿变长，手臂变短，对姿势和平衡起着重要作用。

（2）宝宝的大动作更加活跃，走路不会摔倒，能在大人的协助下上下台阶，后期会尝试倒退着行走。能弯腰拾起东西、拖拽玩具，能模仿家人的动作，比如洗澡、扫地、打电话等。

（3）宝宝的认知、情绪、语言进入快速发展阶段，开始形成自我的概念，心里开始惦记一起玩耍的同伴，语言表达从电报式语言发展到能说出一些短句。

（4）在重复练习各种技能中学会了自我挑战，能用食指表示"1 岁了"或指出准确方位"在这里""在那里"。坚持自己脱鞋、用茶杯喝水、自己走路等行为。

（5）能够识别出两性差别，学会了自我控制和自我约束，并且开始自主如厕。

2.13~18 个月宝宝的早教课程

这个月龄阶段的早教多以强化宝宝的大动作为主，大人应全程陪同和监护，在引导和协助宝宝的同时也要确保宝宝的安全。

（1）自己坐上三轮小推车

目的：促进宝宝的四肢协调，增强腿部力量，向更高级的大运动发展。

道具：三轮小推车。

过程：大人先将小推车的安全护围竖起来，再用左手扶住小推车，让宝宝从右侧坐上座椅，左腿上抬，跨过座椅，右腿跟上，屁股坐到座椅上。护围复位，宝宝围在护围中间。反复数次，宝宝就会模仿大人，先将安全护围竖起，自己用左手按住小推车不动，抬起左腿，跨过座椅，右腿跟上，再坐上去。

在家里，宝宝也可以将小堆车当作移动的玩具，自己练习自己玩。熟练以后，宝宝再出门就会自己坐上小推车而不用大人抱上去了。

（2）让胆小的宝宝下水游泳

目的：消除宝宝对水池的恐惧，感受浮力的作用，学会在水中浮力作用下走动和游动，进一步增强四肢的协调和平衡能力。

道具：大人和宝宝的泳装。

过程：准备一些儿童游泳护具，比如水袖、背飘、浮板等，还可以带上一些充气玩具，比如海洋球、浮力棒等。大人帮宝宝穿上护具，然后抱着宝宝一起下水，和宝宝一起玩玩具，让宝宝慢慢地消除对水的恐惧感。待宝宝适应了水的浮

力，不再害怕水了，大人就可以带着宝宝一起慢慢游动了。

（3）滑滑梯

目的：让宝宝感知高与低、上与下、爬与滑、进与出。促进宝宝对空间、方位和运动的认知与体验，同时让宝宝学会自己滑滑梯。

练习场地：有滑梯设备的儿童游乐区。

过程：大人先扶着宝宝从滑梯的台阶爬上去，引导宝宝穿过一小段过道走到滑梯口，大人抱着宝宝，同时顺着滑梯向下滑。反复练习几次后，就可以让宝宝自己坐在滑梯口，将宝宝的双腿顺着滑梯方向摆放好，让宝宝自己向下滑，大人在滑梯的底部接住宝宝。练习一个月以后，宝宝就可以自己从滑梯的台阶爬上去再滑下来，大人在旁边守护即可。

第五节　19~24个月宝宝的早教

▼

1.19~24个月宝宝的发育特点

（1）这个月龄阶段的宝宝具备延时模仿能力，能通过反复练习学会各种技能。

（2）经常会翻箱倒柜来满足好奇心和探索的欲望，能够找到藏起来的物品。

（3）开始学会表达自己的情绪，体会"我能做到"带来的愉悦感和成就感。

2.19~24个月宝宝的早教课程

（1）寻找书架上的书

目的：训练宝宝的观察力、记忆力，同时增强其责任感。

道具：宝宝的小书架。

过程：在宝宝养成定时阅读的习惯后，大人不再主动帮宝宝找书，而是引导宝宝自己去小书架上寻找需要的书。比如，大人故意找不到书，让宝宝帮忙一起找，当宝宝找到后及时给予夸奖："真厉害！这么快就找到了！"以后每次都询问宝宝想看的书，再把找书的任务交给宝宝，宝宝就会很乐意去做。

（2）学习骑滑板车

目的：借助滑板车让身体移动起来，学会移动状态的身体平衡能力，同时知道不同力量的助跑会带来不同的速度。

道具：滑板车。

过程：找一片开阔的场地，让宝宝一条腿踩在滑板车的踏板上，另一条腿蹬地助跑，当助跑速度达到一定程度，抬起助跑的腿，借助惯性，滑板车就能带着宝宝向前滑行一段路程。这样的练习只要多尝试几次，宝宝就能滑得很好了。

（3）写字板"闲不下来"

目的：练习握笔姿势和手腕转动，为写字和画画打下基础。

道具：写字板或涂鸦笔。

过程：写字板一般都自带画笔，大人可以先在写字板上慢慢地画一张"一笔鸭子画"，让宝宝看清握笔的姿势和画出的线条，然后按下"清空键"，将空白的写字板递给宝宝。宝宝刚开始画的动作会很笨拙，线条也很乱，多多练习他就会越画越流畅了。每次写字板被涂满时，宝宝就会清空了再画。即使画不出成形的画或字也没关系，大人要把宝宝的"乱画"当作了不起的"杰作"进行鼓励，宝宝就会很有兴致去练习了。

（4）守规矩

目的：强化宝宝的规矩意识，学会等待，学会适度延迟满足。

道具：各种水果或酸奶拌水果。

过程：大人把水果餐准备好，放在宝宝专用的水果盘或者小碗里。当宝宝等不及要抢着吃时，大人一定要强调："要耐心等候，我要准备一下餐具和餐巾。"这个月龄段的宝宝已经有了自我意识，要让他们学会守规矩，包括玩游戏、洗澡等都要不停地提示宝宝，需要和人人"合作"。天长日久，再遇到类似的问题时，宝宝自己就会产生"要守规矩，我能等，我能配合"的意识了。

★ 注意事项

①宝宝自我意识的表现不同于成人眼中的"自私"，我们要接纳和理解，这对于宝宝安全感和自尊心的建立非常重要。自我为中心是 7 岁前孩子的正常表现，大人做好表达和合作的引导即可。

②一些过渡性物品比如安抚奶嘴安抚巾等，在特殊状态下对宝宝起着安抚作用，甚至是自我安慰。大人不要干涉宝宝的这些依恋行为，应该予以尊重，并注意清洁，适当的时候用更安全有趣的习惯替代即可。安抚物品和安抚玩具可以陪伴宝宝到入幼儿园前后。

③不要急于求成，给宝宝提出一些难度过高的要求。要选择适合宝宝年龄段特点的早教活动，陪伴比"教"更重要，玩耍比"学"更重要，情绪比知识能力更重要。

第六节　25-30 个月宝宝的早教

▼

1.25~30 个月宝宝的发育特点

这个月龄段的宝宝已经能够很好地走路，也学会了很多技能，但时不时会有小意外发生，尤其是活泼外向的宝宝，经常会磕碰和受伤，令家长防不胜防。所以，此月龄段最重要的事情就是安全问题，细心的呵护与陪伴一定不能放松。

2.25~30 个月宝宝的早教课程

早教训练大多是以宝宝上幼儿园为目标，大人尽可能让宝宝多与外界接触，熟悉和了解更多的社会环境，并且提高自己动手的能力，以便更好地适应入园的学习和生活。

（1）让宝宝"长记性"，识别危险

养育宝宝太谨小慎微不利于宝宝成长，太大意又容易酿成过错。想杜绝隐患，就要让宝宝从教训中吸取经验，从错误和教训中学习，才能快速成长。

比如，当宝宝因为淘气或意外受到磕碰或造成其他身体上的伤害时，一定要让他们总结教训：为什么受伤？怎样做可以避免受伤？平时要注意哪些安全事项？让宝宝记住这次受伤，下次他就会注意了，甚至小的"受伤"可以为更大的危险"排雷"。

（2）采摘体验

目的：让宝宝感受大自然，体验田园生活，同时增强宝宝动手、动脑和劳动的能力，体会劳动的辛苦和乐趣。

过程：在花生地里挖花生时，大人先把整株花生从地里拔出来，把泥土抖掉，再把整株花生递给宝宝，让宝宝将花生一颗一颗摘下并放进筐里。

在红薯地挖红薯时，大人先将红薯蔓清除，用小铲挖去红薯周围的土，露出半截红薯，让宝宝向外拔红薯。如果拔不动，就教他们用小铲和双手松动红薯周围的土，这样红薯就很容易拔出来了。

（3）自己拉拉链

目的：训练宝宝手指的精细动作，手眼高度协调的能力。

过程：大人拿起一件带拉链的衣服，为宝宝示范拉拉链的动作。再让宝宝将拉链头一直拉到底，打开拉链，然后学习自己拉上拉链。

虽然一开始学习拉拉链并不顺利，但只要经常练习，用不了多久宝宝就会熟练掌握了，以后穿带拉链的衣服时也不需要大人帮忙了。

（4）自己选购物品

目的：训练宝宝的审美能力和决断能力，了解购物程序。

过程：带宝宝去商场的童装区，让宝宝先浏览一遍各个柜台的童装，做一个整体的预览。接下来，让宝宝选择自己喜欢的衣服，挑出几件来试穿，在试衣镜前比较颜色和款式并感受一下舒适度，最后选出宝宝觉得最舒服、最喜欢的衣服。选好后再带宝宝去收银台付款，最后回到选购处让导购员包好所购买的衣服。

去超市买水果时，我们可以让宝宝自己选水果，放进购物车，最后在超市出口让宝宝付款，真实地体验购物的程序和乐趣。

第七节　31~36个月宝宝的早教

▼

宝宝的各项能力发展已经基本符合上幼儿园的要求，此阶段早教的重心要放在宝宝的情绪性管理和社会性发展能力上，以便适应真正的幼儿园集体生活。

31~36个月宝宝的早教课程

（1）音乐舞蹈启蒙

目的：节奏感是开智"神器"，通过节奏来进行音乐和舞蹈的启蒙，培养宝宝对音乐和舞蹈的兴趣。

道具：手机。

过程：大人站在前面，宝宝站在后面，随着音乐响起，大人在前面示范，做出一系列模拟水果形状的动作，让宝宝在后面模仿着舞动。可以一边跳一边喊出水果的名称：番茄呀番茄，木瓜呀木瓜，西瓜呀西瓜，苹果呀苹果，香蕉呀香蕉……说出配合动作的口号：前击，左击，右击，扭腰，左斜，挽臂，右斜……每次练习都会成为宝宝最开心的音乐派对。

（2）制作南瓜灯

目的：了解万圣节的由来，体验西方文化，提高宝宝的动手能力。

道具：南瓜三个，雕刻刀，有底座的小蜡烛，打火机。

过程：宝宝负责清洗南瓜，大人负责雕刻南瓜灯。将南瓜挖心去瓤，用雕刻刀刻出眼睛和嘴巴的位置，再挖出眼睛和嘴巴的形状。做完后，让宝宝把蜡烛放进南瓜"肚子"里，点亮蜡烛后把灯关掉，南瓜灯上的眼睛和嘴里就透出亮光了。可能有的宝宝开始时会觉得害怕，但很快他就会觉得有趣了。

（3）看望生病在家的小朋友

目的：培养宝宝的爱心，加深小朋友之间的友谊，促进人际交流，提高语言表达能力。

道具：自制小礼物或购买的礼物。

过程：带宝宝去看望生病在家的小朋友，可以事先和宝宝沟通要准备什么礼物，比如，自己画的卡片、自己做小手工或购买的玩具、水果、食品等。准备好礼物后，再和宝宝一起交流怎样做才能既看望了小朋友又避免被病菌传染。首先，不要和小朋友有过多亲密的接触；其次，回家后要及时洗手。

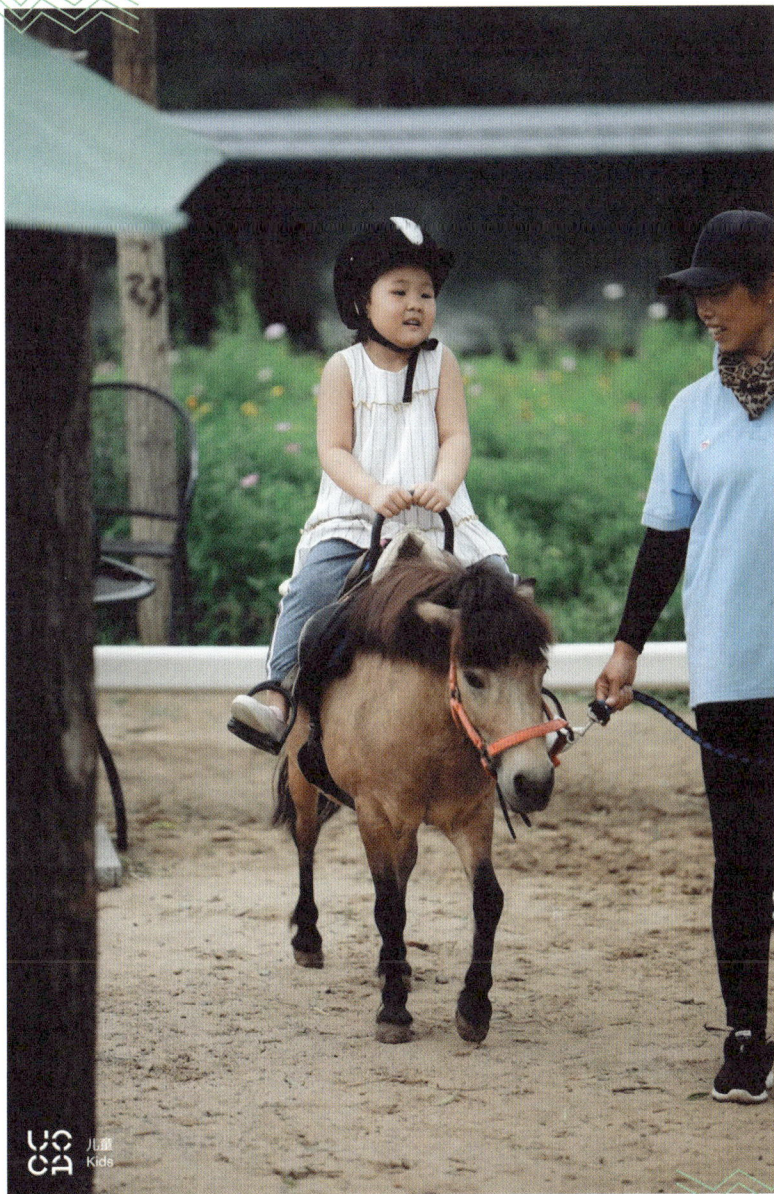

▶总结

    0~3 岁是幼儿早期学习的关键期，我们一定要珍惜 3 岁前的生命启蒙期，充分尊重自然赋予宝宝的行为与动作，将早教融入到养育的每个细节中，并随时随地应用到日常生活当中，切莫因"忙"错失机会。用心陪伴和养育宝宝是我们送给他们一生成长的最好的礼物。

▶ 后记

　　每个宝宝都有自己的成长节奏，每个家庭都有独家的养育方式。在陪伴和教育宝宝的路上，需要父母和祖辈们付出很多的努力，同时也需要大人不断地成长，建立自己的觉察力，对生命负起责任，关照彼此。宝宝成长的过程也是我们成长的过程。

　　衷心地祝福大家都能拥有一段快乐的身心旅程，都能在亲子关系中收获美好。

　　感谢很多读者、粉丝对"隔代养育"这个话题的贡献，感谢"父母成长计划"和亲职家庭对隔代养育问题的关注，感谢各位专家学者、前辈同仁在我创作这本书的过程中给予的帮助和启发。

　　这本书不仅是送给每一个家庭的礼物，也是抛给大家思考和讨论的话题。如果你也有困扰和疑虑，思考和感悟，欢迎和我们一起分享。

晴天姥姥 程爱平

图书在版编目（CIP）数据

隔代养育 / 晴天姥姥，晴天妈妈著. — 北京：电子工业出版社，2021.3
ISBN 978-7-121-40573-0

Ⅰ.①隔… Ⅱ.①晴… ②晴… Ⅲ.①家庭教育－通俗读物 Ⅳ.①G78-49

中国版本图书馆CIP数据核字(2021)第027725号

责任编辑：张瑞喜
印　　刷：中国电影出版社印刷厂
装　　订：中国电影出版社印刷厂
出版发行：电子工业出版社
　　　　　北京市海淀区万寿路173信箱　　邮编：100036
开　　本：787×1092　1/16　印张：11.5　字数：174千字
版　　次：2021年3月第1版
印　　次：2021年3月第1次印刷
定　　价：58.00元

凡所购买电子工业出版社图书有缺损问题，请向购买书店调换。若书店售缺，请与本社发行部联系，联系及邮购电话：（010）88254888，88258888。

质量投诉请发邮件至zlts@phei.com.cn，盗版侵权举报请发邮件至dbqq@phei.com.cn。

本书咨询联系方式：bailan@phei.com.cn，（010）68250802。